教师学力研究

孙德芳 著

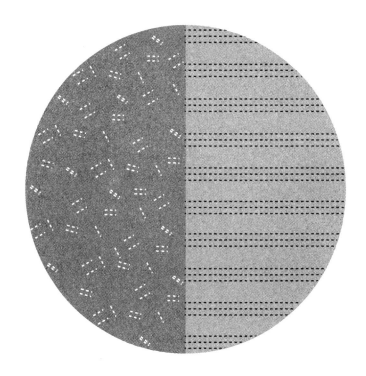

华东师范大学出版社

目 录

引言	1
第一章 教师学力新概念	1
第一节 学力概念的意蕴与转换	1
第二节 教师学力的新概念	20
第二章 教师学力新评价	28
第一节 评价范式的进程与转变	28
第二节 教师评价的改革与发展	31
第三节 教师学力评价新理念	34
第三章 教师学力新境遇	40
第一节 义务教育均衡发展的教师学力指向	40
第二节 城乡教师学力差距的客观现实	46
第三节 农村教师学力发展的国际经验	53
第四节 农村教师学力发展的实践路向	59
第四章 教师学力新价值	64
第一节 教师学力均衡发展是教育公平的支点	64
第二节 教师学力优质发展是教育质量的内核	67
第三节 教师学力优质均衡是义务教育的价值追求	69

第五章	教师学力新差异	70
	第一节　教师学力调查方法	70
	第二节　教师学力差异现状	74
	第三节　教师学力发展困境	94
第六章	教师学力新归因	105
	第一节　教师学力差距的文化归因	105
	第二节　教师学力差距的制度归因	118
	第三节　教师学力差异的个体归因	125
第七章	教师学力新发展	130
	第一节　教师学力发展的文化路径	130
	第二节　教师学力发展的政策路向	137
	第三节　教师学力发展的保障机制	141
	第四节　教师学力发展的个案举例	145

主要参考文献　　　　　　　　　　　　　　　152
后记　　　　　　　　　　　　　　　　　　155

引言

信息时代的21世纪为教育发展提供了前所未有的机遇与挑战。无论是国外还是中国,教育优先发展的战略位置得到了认可与强化,"百年大计,教育为本"的发展理念成为各国政府的行动指南。国际21世纪教育委员会主席雅克·德洛尔在《教育——财富蕴藏其中》的序言中提出要构建以知识的获取、使用和更新为基础的教育乌托邦,充分肯定了教育的社会核心地位,教育构成了提高社会生活质量的基本手段。① 随着世界多极化、经济全球化深入发展,科技进步日新月异,人才竞争日趋激烈,我国及时制定了《国家中长期教育改革和发展规划纲要(2010—2020年)》,明确教育是民族振兴、社会进步的基石,是提高国民素质、促进人全面发展的根本途径,把优先发展教育、提高教育现代化水平作为政府责任。可以看出,尽管教育并非解决所有社会弊端的灵丹妙药,但却是我们战胜挑战取得平等持续发展的有效途径。② 国际社会必须继续将全民教育作为全球发展的优先重点。

信息科技引领下的后喻文化开启了教育变革的新时代,传统的教育方式与内容已远远不能满足日益变化的教育内涵和教育主体的需求。不管世界如何变化,人们对教育质量的追求将成为永远不变的主题。教育质量的提升和教育品质的创造是时代赋予教师的神圣的历史使命,教师不仅是塑造学生灵魂的工程师,也是学生人生征途中的领路人;不仅是学生知识的引导者,更是学生未来发展的朋友与见证者。无论教师是"蜡烛"还是"园丁",是"春蚕"还是"人梯",他们都是那样默默地耕耘着、奉献着,履行着"学为人师,行为世范"的专业操守,他们在平凡的岗位上践行着教师的时代责任。

---

① 联合国教科文组织总部中文科译.教育——财富蕴藏其中·前言[M].北京:教育科学出版社,1996.12.
② 联合国教科文组织总部中文科译.教育——财富蕴藏其中·总序[M].北京:教育科学出版社,1996.12.

作为时代的专业工作者,他们在日常教育生活的探索中或许哭过、笑过,或许欣喜过、失望过,但他们仍然是那样执着、坚持,努力寻找属于自己的那份幸福与快乐,展示着人生成长的精彩。

不可否认,教师质量决定教育质量,教师素养成就教育未来。可见,当今学历社会逐步迈入学力社会,文凭取向的教师质量标准必将被学力标准所替代,这是时代发展的必然。

第一章 教师学力新概念

作为专用词语的"学力",在历史的演进中不断得到丰富与发展。学力概念的意蕴也由日常走向科学,由一般走向特殊,学力概念的主体在现实中走向多元,在变化中实现转换,在实践中得到拓展。学力成为教师专业质量核心的内在标准,以教师学历来判断教师专业水准的外显性标准远远不能适应时代对教师与教育发展的需求。随着教育的不断发展,教师学力作为隐形的专业判断标准应该走向显性,成为教师专业评价的新标准。

第一节 学力概念的意蕴与转换

一、学力的日常概念

在日常生活中我们见到较多的莫过于对"同等学力"一词的使用,对"学力"的单独使用虽相对较少,但对其内涵也不乏种种论述。

(一) 学力概念的使用

在中华诗词电子版中输入关键字"学力",发现最早使用该词的是唐末著名诗僧贯休的"学力不相敌,清还仿佛同",先秦汉魏晋南北朝中没有检索到"学力"一词的使用。在北京大学研发的全唐诗词分析系统中也仅发现贯休的诗词中涉及"学力",而在全宋诗中找到 65 条记录。

表 1-1 唐宋时期关于学力的诗句

年代	作者	诗句	出处
唐	贯 休	学力不相敌,清还仿佛同。	《览皎然渠南乡集》
宋	熊 禾	知我自有天,纯固在学力。	《送税官仇副使诗》

续　表

年代	作者	诗句	出处
宋	范成大	学力根深方蒂固,功名水到自渠成。	《送刘唐卿户曹擢第西归》
宋	项安世	年来学力荒唐甚,羞向升云顶上看。 人情伤蹭蹬,学力讳迟回。	《题鹿门山绝顶升云亭》 《次韵答罗鄂州二首》
宋	许及之	诗翁学力有长城,笑语丛中漫鼓行。 惠我诗章有琢磨,传家学力见功多。 学力到后成一家,渠自不知为孰使。	《外舅嫁遣二侍儿有诗次韵》 《酬木伯初仍简才叔常之》 《得赵昌甫诗集转呈转庵却以谢梦得诗见示有诗次韵》
宋	孙应时	先生学力定如山,应世非意所安。	《送彭大老提舶泉南》
宋	唐庚	经术吾衰矣,犹堪学力田。	《杂诗二十首》
宋	释怀深	学力几年淹讲席,真风一扫尽情尘。	《会吉上人》
宋	陆游	学力艰危见,精诚梦寐知。 少年风味嗟犹在,虚道归休学力耕。	《勉学》 《秋晴》
宋	宋天则	含孕天资粹,稽参学力深。	《挽吕东莱先生》
宋	陈造	绣衣盖代公,学力阃天造。 平生学力外生死,砭剂求工聊复尔。 学力不为救饥分,归从夫子收奇勋。 学力隐一敌,才华追二刘。 仰高排糞玩清圆,学力卑摧旧判年。 昔吾窃科第,正自学力勤。 吾宗学力源委俱,决为巨川潴陂湖。 学力我枯涸,进冀濡教雨。 嗣孙学力有家法,洪纤不割清不浮。	《十诗谢廖计使》 《赠龚养正二首》 《次高宾王饯徐南卿韵》 《次韵高缙之二首》 《张丞再有诗次韵》 《次程帅和陶诗韵》 《陈学正诗酬以长句》 《次王尚书韵呈石湖》 《次郭祕正韵》
宋	曾丰	勖哉恢学力,行矣赫家声。	《送管长源之子光祖往谒周益公》
宋	赵蕃	文科须中早,学力更功加。	《寄赵元归并属元默三首》
宋	韩淲	心迹亘乾坤,学力贵阃奥。 政声赢得多推美,学力须知转好修。 要使学力健,用则定爵秩。	《赠赵十有怀其兄》 《文叔解官东归》 《送敬之》
宋	刘宰	康强由学力,孝友自天资。	《挽考亭陈居士二首》
宋	陈宓	学力早知深孔孟,乡风端可继陈杨。 先生轶前驾,学力欺孟荀。	《南剑鹿鸣》 《送邹给事》
宋	王遂	学力要日新,圣言当具写。	《送三八弟归九江》
宋	魏了翁	书胸满贮宣和库,学力要装元祐船。	《张大着以韩持国绿樽红妓事再和见戏复次韵》
宋	程公许	要看转物天机密,更念居闲学力新。	《寿杨浩斋二首》

续表

年代	作者	诗句	出处
宋	刘克庄	划骑㹀子不施鞴,老退犹堪学力田。	《生日和竹溪再和》
宋	许棐	旅怀宽似居家日,学力高于未第时。	《赵叔鲁》
宋	徐鹿卿	瑞世词章响佩琚,过人学力更充余。	《和南康赵簿赠诗》
宋	叶茵	要知皆学力,未可以言传。	《二子读诗戏成》
宋	李昴英	精神兼学力,倾倒为遐氓。	《挽右史方铁菴诗三首》
宋	薛嵎	固穷须学力,不敢废经锄。 壮无学力吟将退,老入贤关路转贫。	《郊外隐居》 《秋日书怀》
宋	家铉翁	一点英灵长不昧,平生学力定难磨。	《挽刘文蔚》
宋	陈著	安得天资白受采,要凭学力浊为清。	《次单君范遗次儿韵效鲁直体》
宋	牟巘	忧患可能期学力,功名终不误儒冠。	《送鄩南俞教谕归里》
宋	戴表元	作诗如挽船,学力乃篙橹。	《东阳方韶卿惠古意》
宋	仇远	楚生卜宅平生志,归日相从学力田。	《寄陈仲麟》
宋	汪炎昶	病以忧虞积,和因学力形。	《哭仲彝兄三首》
宋	陈文蔚	古人不难到,学力贵自勉。	《辛亥春与陈周佐县丞会于洴川旅邸从容三日临别呈周佐》
宋	郑清之	万里修程占学力,色丝黄绢新组织。	《和赵大监知宗韵》
宋	张侃	我愿剖藩篱,学力随所成。	《客有诵唐诗者又有诵江西诗者因再用斜川九日韵》
宋	方回	坚忍验学力,乖离怅时情。 落笔知学力,开口见心事。	《九日用渊明韵二首》 《戏简杨华父》
宋	朱熹	云何学力微,未胜物欲昏。	《二诗奉酬敬夫赠言并以为别》
宋	王之望	绝艺本天得,非假学力成。	《吴传朋游丝书》
宋	王十朋	先生学力到前辈,一时盛事光麟台。	《送胡正字分韵得来字》
宋	杨简	学力未纯固,诚不能不迁。	《伏蒙提举秘书郎中以留题县驿新篇》
宋	崔与之	君独禀其全,济之以学力。 全才得之天,学力培其本。	《危大夫出守潮阳》 《张祕书分符星渚》
宋	真德秀	天资贵强矫,学力无终穷。	《送林自知自幕中归常宁》
宋	王令	贫知身贵重,病觉学力怠。	《寄洪与权》
宋	程珌	天赋高妙,学力深详。	《寿皇子》
宋	王柏	湛神爽兮不变,验学力兮深坚。	《李三朝奉哀词》

续 表

年代	作者	诗句	出处
宋	姚勔	小生学力最卑弱,儒气郁郁唯填膺。	《奉陪蓬莱阁赏雪赋诗》
宋	程公许	学力探窅深,天巧妙机综。 信矣天资媺,加这学力渐。	《赠修水黄君子行》 《上曹宪使五十韵》
宋	徐元杰	动有发明基学力,略无凝滞见情真。	《送郡守》

从诗人使用"学力"频数看,我们可以推定宋朝的陈造①当属第一,他在九首诗中使用了"学力"一词,不仅告诫我们要用忘我生死的境界毕生追求学力("平生学力外生死"),追求学力的目的不是为了解救饥渴,而是追求像先哲孔子一样的知识学问("学力不为救饥分,归从夫子收奇勋"),并且叙述了自己及第的原因主要是自己的勤奋刻苦学习("昔吾窃科第,正自学力勤")。许及之、韩淲有三首诗词谈及"学力",陆游、项安世、陈宓、薛嵎、崔与之、程公许等均有两首诗论到"学力",其中三首中出现了"学力田"和"学力耕",没有直接同"学问"的意义相关。

在大成老旧期刊数据库中,查到28条记录谈到"学力"。在中国期刊全文数据中输入关键词"学力"精确查找,共有434篇相关文章(截至2011年11月12日),其中最

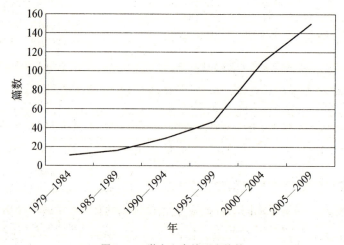

图1-1 学力文章的研究趋势

---

① 陈造(1133—1203)字唐卿,自号江湖长翁,高邮人,有《江湖长翁文集》。他是陆游、范成大、尤袤都赏识的诗人,跟范成大唱和的诗很多。

早一篇是梁忠义先生翻译日本学者田浦武弘1978年发表在日本《初等教育资料》上的文章《基础学力在人的形成中的意义》。按照年限和篇数,我们可以推定人们对"学力"的关注在不断增强,尤其是1999年以后,研究文章的数量每年成倍递增。

(二) 学力的一般定义

在日常概念的使用中,"学力"总是同"学历"、"同等学力"紧密联系在一起。《中国劳动》杂志在1983年第9期中以"小辞典"的形式介绍了三者的内涵:学历即学习的经历,指曾在哪些学校毕业或肄业;学力指学问的功夫造诣所达到的程度;同等学力是通过自学或培训等方式而达到某种正规教育所相当的文化科学知识水平。[①] 自此,"学力"与"学历"不断引起人们的关注,它们从一般意义上阐述了学历与学力的内涵与关系。

一般来讲学历深则学力高,学历浅则学力低,学历与学力有着密切的内在联系,但二者又不能划等号。学历就是学习的经历,受教育的程度,它一般能代表一个人的学力在学问上达到的程度,有时又不能完全代表。[②] 鲁迅先生的学历为中专毕业,但他的学力正像日本学者长尾景和所评价的"日本的五个博士也没有他知道的多"。钱梦龙先生说过"对一个知识贫乏的青年来说,重要的是实际的'学力',而不是'学历'"。刘佐先生主张"有学历论",不赞成"唯学历论",认为最根本的是"学力",反对"万应学历论"。肇言认为,世人看重学历而忽视学力的陋习久矣。他深刻分析了一个人学历的高低并不一定反映出他学力的深浅,原因是学历必须通过考试而取得,这虽然能局部地衡量一个人的知识水平,但也同一个人的机遇及应考能力紧密相联,加之考试本身有很强的知识限定性,而传统考题又以机械背记为主要检测内容,这就无法科学地衡量出每个考生的学力情况。[③] 王闌在指正《语文报》中的一则广告的错别字中特别提到"学历"和"学力"尽管读音相同,但寓意不同,其差别就在于语素"历"和"力"的不同。"历"是"经过"、"经历"的意思,"力"是"能力"的意思。"学历"是说学习的经历,指曾在学校或其他教育、研究机构肄业或毕业;"学力"是说学习达到的程度,即学问上功夫、造诣的深浅。两者虽都同学习有关,但前者强调的是在校求学的经历,后者强调的是学习之后具有的能力。[④] 张克家在批评《文汇报》中的一篇文章三处将"学力"误认

---

① 佚名.学历·学力·同等学力[J].中国劳动,1983(9):24.
② 于江.学历与学力[J].成人教育,1984(4):42.
③ 肇言.学历与学力[J].中国远程教育,1986(6):48.
④ 王闌.学历和学力[J].咬文嚼字,1995(11):20.

为"学历"的错误,并给出了二者的区别与联系性定义。他认为"学历"即指曾在某所学校毕业或肄业的学习经历,"学历"没有高低之分;"学力"是指"在学问上达到的程度","学力"有高低之分。①

通过"学历"与"学力"的对比分析,我们更容易了解"学力"的内涵。北京大学的黄高飞先生详细解析了"学历"与"学力"概念易被混淆的原因、二者概念出现的历史比较及其应用等。他认为字体简化可能是导致意义混淆的一个间接原因,根据繁体字来看,这两个词的区别是非常明显的:"学力"和"學歷",这可以在视觉上很大程度提醒人们。"学力"和"学历"出现的时间前后很不一致,"学力"出现的时间大约在晚唐五代,前蜀和尚贯休的《览皎然渠南乡集》诗有"学力不相敌,清还仿佛同"的句子;从文献方面来考察,"学历"一词出现的时间很晚,虽然不能肯定它出现的具体年代,但是有一点可以肯定的是,它与清末科举制度的废除、现代意义的教育制度和人才选拔制度有关,因为在传统的科举制度下,是哪级学校肄业的并不十分重要。从使用的情况看,在古代"学力"时见使用,"学历"没有出现;而在现代,"学历"的使用频率远远在"学力"之上。有人统计报刊材料发现"学历"与"学力"出现的频率比为10∶1。② 刘年珍认为,学历指一个人所接受的国家承认的学校学习阶段的实际经历和受教育程度,以文凭为其标志;学力则是一个人通过各种正规和非正规教育机构培训或自学成才实际达到的学识水平和工作能力,就是这个人的综合素质,其标志比较模糊,主要靠其所参加的各种岗位的社会生产实践活动的检验来显示。我们通常所说的"达到大专以上学历或具有同等学力",后者即指这个人虽无大专以上正式文凭,但实际专业水平和能力已经达到同等水平。至于实际上学历高者未必学力强,学力与学历并不完全成正比的例子也不乏其人。③

现实情况中,学历与学力不相匹配的情况比比皆是。就像人们抱怨现在大学生素质差,还不如原来的中专生,尤其是中小学校长们经常怀念"中师生"一样。许多硕士甚至博士研究生难以找到工作,其中一个原因可能是高校扩招带来的文凭泛滥,致使学力远远不能达到学历的要求。具有学力而没有学历的也不乏其例,史学大师陈寅恪曾游历欧美诸多著名学府,从德国的柏林大学、瑞士的苏黎世大学、法国的巴黎高等政治学校到美国哈佛大学,随后又转回德国柏林大学,勤修苦读,被当时的清华大学国学

---

① 张克家.学历与学力[J].语文月刊,1997(8)20.
② 黄高飞."学历"与"学力"之辩[J].秘书工作,1997(3):42—43.
③ 刘年珍.谈学历与学力[J].职教论坛,1998(9):28.

研究院主任吴宓称"全中国最博学之人",但就是这个"全中国最博学之人"却游学诸多名校而不拿半个学位,做法虽然极端,不值得令人效法,不过大师以"求知"为第一、不恃学位学历炫人傲世的作派,殊堪光大。[①]

按照百度百科词条的解释,学力指"学问上的造诣或学问上达到的水平",基本词义为:学习能力和知识水平的简称,指一个人的知识水平以及在接受知识、理解知识和运用知识方面的能力。《汉语大词典》把"学力"归纳为三个义项:1.学问上的造诣,学问达到的程度。例如:宋代范成大《送刘唐卿户曹擢第西归》诗之三:"学力根深方蒂固,功名水到自渠成。"2.学习的精力。宋代王令《寄洪与权》诗:"贫知身贵重,病觉学力怠。"3.谓努力学习。清代袁枚《随园诗话补遗》卷四:"惜年未三十,两耳不聪,想亦学力苦思之故耶。"这三个义项,目前还在使用的就只有第一个了。

纵观以上分析,我们可以清晰地知道日常生活中人们对"学力"的认识与定义。"学问上的造诣或学问上达到的水平"的意义基本成为人们的共识,"学力"不是指学习的经历,跟哪些学校毕业没有必然的联系,更深层的意蕴就是学习实践之后所积累的认识世界、解决问题的一种力量,是个人综合素质的表现。"学力"是教育的结果性体现,"学历"则是教育的过程性体现;学历外显的标志是文凭,学力外显的标志是实际工作能力。学历具有外在的形式性,学力具有内在的内容性,二者从理想状态上是形式与内容的统一。

二、学力概念的科学使用

学力概念的科学使用与现代教育制度与教育形式相伴而行,之所以这么认为,原因有二:一是人们开始关注学力的本质,分析学力的结构;二是人们开始采用科学的测量方法来考量学力。

(一) 学力本质

关于学力是什么的本体论追问早在1918年的《妇女杂志》上就有"学力为人生第二天秉说"的阐述:"天下孰是生而为贤人者亦孰是生而为豪杰者,率皆由学力而得之也。学力者所以辅天秉而不足,而天秉非限我之前进也。固孔子曰,我非生而知之者,好古敏之求之者也。由此观之,学力之有辅于天秉不亦大哉。"可以看出,学力不是先天而得之,而是后天习得的,论述中充分强调了学力对人发展的价值及对学力本质的

---

① 让学力大于学历[J].今日科苑·卷首语,2008(14).

初步认识。其实,这与理解宋代诗人崔瑜之的"君独禀其全,济之以学力;全才得之天,学力培其本"和王之望的"绝艺本天得,非假学力成"意义极为接近。

学力概念的使用尽管源于我国唐宋时期,但这一概念却没能在中国的教育学话语中得到深入的研究,在现代意义上科学地探讨学力这一词的力度与邻国日本相比显得微乎其微。近年来,国内对其关注较多的则以华东师范大学钟启泉教授为代表,其外东北师大的梁忠义、戚立夫,辽宁师大的李德显以及部分年青学者也相继分析了"学力"的相关问题,但他们较多的是译介和分析日本学者的研究成果,立足于本土的研究相对较少,而日本学者对"学力"概念有较为深入的研究和普遍的应用。

作为一种历史的、社会的存在的"学力",并没有成为大家统一认可的概念,由于它是受时代和社会对教育的要求与期待所制约的,所以学者们对"学力"概念作出了不同定义(见表1-2①)。

表1-2 学力概念

日本学者	定　义	年代
大田尧	"学力是人后天习得的,在人世间起着活生生的能动作用的总体。"	1960
胜田守一	"学力是可以计测的,学习了系统的教育内容后所达到的能力。"	1962
中内敏夫	"a.学力是在处理事物的能力中谁都能够区分、授受的部分;b.学力是由范畴、知识和技巧三要素组成的。"	1971
铃木秀一—藤冈信胜	"可计测成果的,学习了谁都能够区分、授受的教育内容后所达到的能力。"	1976
安彦忠彦	"学力是从具体的教育课程形态、系统组织的课程内容之中,即主要由课程内容所培养的各种能力之中,测试出来的能力。"	1979
木下繁弥	"学力是学习学科教材的结果,表现为外显化的学业成就,即知识与技术;同时也是在掌握知识的过程中所获得的学习潜力,即学习方法、科学方法、探究能力等。"	1984
驹林邦男	"学力:a.在学校的教授、学习过程中作为教授内容的结果所掌握的知识、技能、习熟的总和;b.主要依靠学校以学习教育内容为媒介形成的发展了的学习能力。"	1988
佐藤学	学力是"学校教授内容"的"学习成就",学力是一种能力,也是一种权力。	2010

大致说来学力概念有广义与狭义之分。广义而言是学校教育所形成的能力,指借

---

① 本表根据徐征的《从概念到模型研究的日本学力论》的观点整理而成。

助学科教学和生活指导而形成起来的能力的总体,相对于在生活现实中培养起来的生活能力的概念,它是一种多少超越了狭隘的生活现实和生活实践的更加抽象的能动的能力。但是在实际的学力概念的运用中,常常会缩小范畴。而狭义上来说,则是指借助学科教学形成的能力。

诸多"学力"概念的并存似乎显得有点混乱,但究其原因是并没有把"学力"(achievement)视为一种"基于学习的成就"的实体,而是视为"力"的功能了。进而又把"力"(能力、权力)的功能视为学力的实体,从而助长了"学力"概念的混乱。[①] 这种混乱的定义背后并不是杂乱无章,而是多元多样、相得益彰,从而加深人们对"学力"本质的探讨。日本关于"学力"的定义大致说来可以归纳为"能力总合说"、"教育目标说"、"学业成绩说"、"智慧能力说",[②]每种学说或观点都有其合理之处,亦有其不足之处。

表1-3 学力概念说

学说	主要观点	代表人物	年代
能力总合说	学力是通过学校教育而在学生身上所形成的各种能力的总合,它是由认识能力、感应表现能力、劳动能力和社会能力所构成。因此,学力又叫做"学校的能力"。	胜田守一	1964
教育目标说	学力是学生在教育活动中应该获得的某些价值。这些价值也就是教育者对受教育者所期待的目标,它既包括教育的基本目标,也包括每一学科的特殊的、具体的指导目标。其各种目标在学生身上所达到的程度,叫做学力。	桥本重治	1978
学业成绩说	把学力局限在学习活动的成果即学业成绩上。所谓学力是作为学业成绩而表现出来的个人和集体的能力。	桥口英俊 城房蟠太郎	1958
智慧能力说	学力仅仅是通过教学活动而形成的智慧能力。	小川太郎 海后胜雄	1975

钟启泉教授认为,学力既非知识,亦非教育内容;既非测验的得分,亦非入学考试的合格分数;它属于人的能力范畴,是"活生生起作用的力量",是主体的、实践的人的能力的基础部分。把学力的本质作为人的能力来把握时,必须明确其中的四个前提[③]:

第一,学力是人通过后天学习获得的。

---

① [日]佐藤学著,钟启泉译.叩问"学力"[J].全球教育展望,2010(6):3—8.
② 戚立夫.学力的概念与结构[J].东北师范大学学报,1982(6):102—108.
③ 钟启泉.现代课程论[M].上海:上海教育出版社,2003(10):257—258.

第二,学力的媒介是人类文化遗产的传递。

第三,作为人的能力的学力,同学习主体的内部条件和侧面处于不可分割的关系之中,它是人在同各种能力、功能、特性的整体发展的有机联系中形成的。

第四,学力是在它的主体侧面(学习主体的动机、兴趣、意识、主体性等等)和客题侧面(客体化了的教育内容)的结合统整之中,作为"活生生起作用的力量",作为主体的、实践的人的能力而形成的。

我们可以充分肯定,学力的基本性质是客体侧面与主体侧面的统一;外化与内化的统一;适应与创造的统一,它是基于学校教育之上,又是存在学校教育之外的一种学习力、生存力与发展力,它既是教育目标的根本要求,也学业成绩的体现(但不仅仅是学业成绩本身),是内化为主体素质与实践之中的无形的"力"。实际上学力与英语词汇没有直接对应的,而在日本较多的对应为"achievement",显然这一对应词语不能涵盖学力的全部意义。因为学力具有潜在性与迁移性,所以用英语中的"capability"或"capacity"较为合适,但从学力的功能而言,它的确又是一种力量和权力,等同英语中的"power"。

(二) 学力结构

日本关于学力结构比较典型代表有广冈亮藏的学力结构图、胜田守一的能力结构图、稻叶宏雄的学力模型图、佐野良五郎的学力结构模型、田中博之的综合学力模型[①]等。

1. "态度"为核心的学力结构论

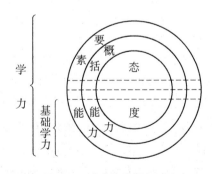

图1-2 广冈亮藏(学力层构造)(1953)　　图1-3 学力构造图(1958)

---

① 本部分主要参照徐征的《从概念到模型研究的日本学力论》。

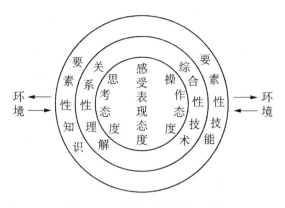

图1-4 新学力结构图(1964)

广冈亮藏是分析学力层次和侧面结构的典型代表,他以主体的"态度"为核心,构筑富有影响的学力理论,他的学力结构层次说在实践的检验中不断得到丰富与发展。首先在主体性态度上不断深化,从一般意义上的主体性态度到思考态度、操作态度、感受态度;其次从概括能力的扩展到关系的理解及综合技术;最后将个别能力细化到要素性知识和要素性技能。

2. "能力"为核心的学力结构论

胜田守一以"人的能力"的构成要素为主要特点的学力论将学力分为认识能力(作为掌握知识的终结表现的学力,作为掌握并解决新的知识与课题的潜力的学力和在掌握知识的过程中形成的作为认识基础的心理特性)、表现能力(感应表现能力、运动能力、劳动能力)和社会能力的人格特征。

3. "习熟"为核心的学力结构论

习熟概念衍生于日本反思二战后二元对立的学力论争,由中内敏夫等学者借鉴苏联教育心理学研究成果,于20世纪七八十年代提出。他从知识、探究顺序、习熟三个条件论述了学力形成的基本要素,认为学力是知识经过外化到内化的探究顺序,到达习熟后的学习结果。稻叶宏雄丰富和发展了习熟学力理论,从基础学力向发展学力转换的内在联系分析学力,认为发展学力在以基础学力到达习熟阶段的学力为基础的更高水平的学力(见图1-6)。

4. "发展"为核心的学力结构论

佐野良五郎区分了"学力基础"、"基础学力"与"发展性学力",特别强调了以问题

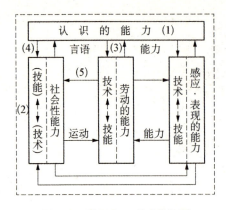
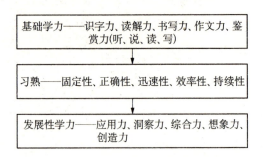

图1-5　胜田守一:能力结构图　　　　图1-6　稻叶宏雄:学力模型图

解决和创造性相结合的有个性的"思考力"为轴心的发展性学力。认为学力基础包括性格、生理与智力等,基础学力指学力的基础或相对于学力的基础部分,以记忆再现为中心的部分。以此为基础形成了生活能力课程、基础学力课程和发展性学力课程。

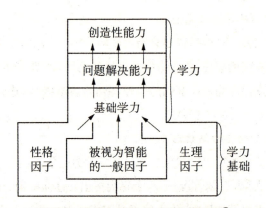

图1-7　佐野良五郎:学力结构模型图[1]

---

[1] 钟启泉.学力论与学力结构[J].外国教育资料,1989(1):14—19.

12

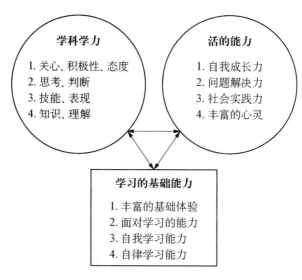

图 1-8 田中博之:综合学力结构

5. "综合"学力结构论

田中博之为保障学力的综合性与实证性,联合教育研究会,在日本关西地区中、小学教师的大力协助与支持下完成了综合学力模型。他在宏观的知识、技能、态度的范畴中讨论学力,认为儿童通过学校教育而应掌握的学力分为"学科学力"、"活的能力"和"学习的基础能力"。

学力结构理论呈现了学力的多样性内涵,不仅使人们更加深刻地理解学力的本质,更重要的是给我们提供了方法论的启示。学力不仅仅是学校教育结果的体现,也是过程性元素交织作用的体现,学力是以主体为基础,以客体为媒介,促进主体发展的过程与结果的综合体现,是人生存与发展的根本能力。

(三) 学力调查

以定量的形式分析学力显然符合科学实证的标准,体现了对学力问题的科学关注。以学力测验主导的学力调查得到了国际社会的广泛认可,并从不同的角度分析了学力调查问题。

1. 学力调查的历史进展

论述学力调查的历史必不可少地要追寻教育测量的足迹。作为教育测量的基本形式的考试和测验最早可以追溯到隋炀帝大业二年(公元 606)的科举制,但真正走向科学之路的当属美国心理学家桑代克在 1909 年编制的标准化的教育测检量表,如《书法量表》、《拼字量表》、《作文量表》等。1918 年,俞子夷根据桑代克《书法量表》的编制程序,编制了《小学国文毛笔书法量表》,开我国教育测量编制的先河。1919年,廖世承和陈鹤琴在南京高等师范学校讲授测验,为我国高校设置测验课程之始。1922年,美国测验学专家麦柯尔(McCall W. A.)应中华教育改进社之邀来华讲学,并主持编制各种应用测验。至1925年前后,编成的中小学教育测验不下几十种,例如廖世承的《中学国文常识测验》、《中学文法测验》,陈鹤琴的《小学默读测验》、《小学文法测验》等。1931年中国教育测验学会在南京成立,1932年《测验》杂志创刊。1935年,中央大学教育学院编制了《小学国语默读测验》、《小学算术测验》、《小学中年级常识测验》等。[1]

直接以"学力"为测量对象的是1926年清华大学朱君毅先生发表在《清华周刊》上的学力与体力的相关性论证。[2] 测验对象是清华大学大一学生,样本93人,利用学科成绩作为学力与体育成绩作为体力进行相关性分析,结果发现:学力与体力的相关系数为-0.014,即学力与体力成极低的负相关或不相关。1934年谢康在江西教育上发表了《塾师学力的检阅》一文,以省会91位塾师的国文常识为学力测定对象,研究结果是:大多数塾师国文不如初中,常识不如小学,年龄越大成绩越差,没有求知心等十二条结论。[3] 另外1934年夏丏尊在《中学生》杂志上发表的《国文科学的学力检验》和桂继淑在《师大月刊》上发表的《小学男女儿童各科学力的比较》,1938年艾伟在《教与学月刊》上的《学力分配都是常态曲线吗》,1942李象伟在《教育杂志》上的《学力测验的因素分析》。新中国成立之后由于受到苏联的影响,对"学力"的关注逐渐销声匿迹,一直到20世纪80年代以后我国才开始引用"学力"概念,主要译介于日本。

1925——1943年的"日本壮丁教育普查"和1948年的"日本人读书能力调查"是日本学力调查的雏形。有意义的学力调查起源于第二次世界大战之后,特别是1951年久保舜一的调查结果"战后日本儿童的算术学力比战前下降了两年水平"和1975——1976年日本全国教育研究所联盟的学力调查结果"有半数以上的孩子跟不上教学进度",这两次调查结果引起了日本社会的巨大震荡。据统计日本从1949年全国教育研究所联盟的《关于学力的研究》,到2007年文部科学省的《平成19年度全国学力·学习状况调查解说资料》共进行了28次主要学力调查。学力调查的目的在于为提高学生学习能力提供评价依据。在日本,自从"学力降低"的问题提出以来,人们

---

[1] 张敏强.20世纪教育测量学发展的回顾与现状评析[J].教育研究,1999(11).
[2] 朱君毅.学力与体力是否相关?[J].清华周刊,1926纪念号增刊.
[3] 谢康.塾师学力的检阅[J].江西教育,1934(1):84—103.

围绕学力调查的必要性和学力调查的可信度等问题展开了激烈的争论。当今时代各种学力调查盛行,甚至可以称之为"学力调查时代"、"学力测试时代",其调查结果将直接影响国家教育方针政策的制定,因此,需要采取冷静灵活的态度对学力评价和学力调查加以分析。①

2. 学力调查的国际典型

世界上比较公认的学力调查的典型是20世纪60年代国际教育评价学会(IEA)进行的TIMSS项目和2003年开始经济合作与发展组织(OECD)进行的PISA项目。

TIMSS成立于1959年,IEA曾经在60年代初组织了有十多个国家参加的第一次国际数学评测和第一次国际科学评测;70年代末80年代初,IEA又组织了第二次国际数学评测和第二次国际科学评测;1994年组织了第三次国际数学和科学评测(Third International Mathematics and Science Study),这次活动被简称为TIMSS。2003年,为了更好地延续这项有意义的研究活动,TIMSS成为国际数学和科学评测趋势(The Trends in International Mathematics and Science Study)的缩写。TIMSS的评价理念是考察学生的基础知识、概念以及与学校课程紧密相连的数学思维能力,评价对象是四年级(除了1999年)和八年级的学生,评价内容以各参与国的数学与科学课程内容为依据。随着TIMSS的不断完善和进步,参与的国家和地区越来越多,TIMSS2007共有67个国家和地区参加。②

PISA主要对接近完成基础教育的15岁学生进行评估,测试学生们能否掌握参与社会所需要的知识与技能。PISA重点评价学生的阅读素养、数学素养与科学素养,度量义务教育阶段学生获得终身生活的知识与技能程度,是检验教育质量的有力工具。它的主要特征③是:(1)政策导向性,政府有权根据自己的需要决定评价结果的呈现与报道方式;(2)终身学习性,PISA不仅仅局限于对课程知识的评价,更重要的是要评价学生的学习动机、自身信念与学习策略;(3)情境化,OCED教育测量指标不仅检验学习结果的质量,而且也衡量形成结果的政策杠杆、背景性因素以及教育投资的个人和社会回报;(4)创新性,PISA对素养(literacy)概念具有创新性阐释,它既指学生运用学科知识与技巧的能力,又指不同情境下有效提出问题、分析问题和阐释问题时的分析、

---

① [日]田中耕治.学力调查若干问题探析[J].教育研究,2006(7):35—39.
② 金美月等.TIMSS国际数学评价框架趋势研究,2010(11):28—33.
③ 网络资料:*PISA-the OCED programme for international student assessment*. www.oecd.org/dataoecd/51/27/37474503.pdf.7.

推理与交往能力。上海15岁在校生在2009年的PISA测试的阅读素养、数学素养和科学素养全部三项评价中,均排首位。

这两项典型的国际学力调查,从国际比较的视角分析在校学生的学力水平,比较各国间学生的学力差异,能够为各国进一步提升学生学力提供客观依据,为教育改革提供参考。

3. 学力调查的分析视角

日本学者田中耕治从学力水平、学力差距、学力结构和学习兴趣四个方面对学力调查进行了分析。①

学力水平是指以分数的形式来衡量学力的高低,借助学力调查能够得出集体的平均值,得到的分数能够在一定程度上反映测试对象的学力水平。一般谈到"学力低下"时,主要是指这种可测量的"学力水平"的程度低。衡量我国基础教育学校"学力"的重要指标是"九年义务教育普及率"。② 在2009年上海首次参加的PISA测试中,各科成绩均名列世界前列,从这个意义可以说上海学生的"学力水平"较高。

学力差距是考察学生学力分散程度与差距的。从学力差距的视角来分析,我国学生的学力差距极大。首先,表现在城乡之间的差异在;再次,表现为东西部的差异;当然还有不同学校之间的学力差异上。引起我国学生学力差距的政治、经济、文化原因也相当复杂。缩小学力差距是当前我国义务均衡发展必须解决的问题。

学力结构失衡是学力构成的不均衡与偏差。在学校里主要表现为重视知识技能的训练,忽视情感态度价值观的培养,在学科表现为偏重"主科"而疏离了"副科",偏重"应试能力"而疏忽了"创造精神和实践能力"。素质教育与世纪之交的基础教育课程改革尽管想尽力扭转这种不良的局面,目前而言,任务仍然相当艰巨,各种阻力与困难重重。

学习兴趣是指自发主动专注于学习的倾向性,学习兴趣是学力构成的重要元素,是促进学力可持续发展的根本力量。调研发现,部分学生受到多种社会不良因素的影响,对学习的积极性不高,产生"上学无用论"的倾向,显然对学习毫无兴趣。学习兴趣的调查也是国际学力测验中重点关注的问题之一。

无论从哪个角度来分析学力调查,都帮助我们更深刻地认识学力概念的内涵,为

---

① [日]田中耕治.学力调查若干问题探析[J].教育研究,2006(7):35—39.
② 钟启泉.从日本的学力概念看我国学力研究的课题[J].教育发展研究,2009(15—16):1—5.

进一步深入研究学力奠定基础。

三、学力概念的发展

学力概念从出现到广泛使用,从日常走向科学,其内涵不断得到丰富与发展。学力内容从单一强调知识为主的学业成绩到以生存、发展、创造为核心的综合素养;学力形态从基础学力到发展学力呈现多样化取向;学力主体从学生到教师逐步扩展;学力形成原因由学科教学转向学校生活。

(一)学力内容:从知识到素养

学力内容是学力构成的基本元素,不同元素的相互统一共同构筑了"学力"的概念大厦,其中以知识的客观性、抽象性和体系性为核心的学力客体侧面是学力存在的基础性前提,是教育传承与创新的出发点和归宿之一。从学力概念的界定以及学力结构的分析,可以看出学力内容由知识为主导的学业成绩说,逐步到教育目标说、智慧能力说、能力综合说的多样性发展。

知识本身内涵与外延的不断变化是引起学力概念变化的一个根本原因。从夸美纽斯的"把一切知识教给一切人"的梦想到斯宾塞的"什么样的知识最有价值",再到阿普尔的"谁的知识最有价值",历经了学校知识谱系的选择性变革。其中,既蕴藏了知识价值观的变革(从培根的"知识就是力量"到福柯"知识就是权力"),又包含了知识性质的变革(从培根的科学知识分类到赛蒂纳的制造知识①)。知识不再只有纯粹意义上的客观性、中立性与绝对性,而是被赋予了知识的人文性、情境性与建构性,波兰尼的隐性知识论开启知识研究的新视域。知识内涵的变化为学力内容的变革提供了丰富的源泉。

知识论的深化研究虽然拓展了学力内容,但也给学生学力的提升带来了困境与挑战。在积极的意义上,学校可以有更多的知识资源让学生学习,可以有更多的方法让学生采用,可以充分张扬学生的个性去"扬弃"知识,拓展素养。就消极的意义而言,可能会使学力内容陷入无边界的境地,甚至会导致"相对主义"的不确定情形。

无论知识内涵怎么延伸与扩展,有一点是可以肯定的:学力内容必然越来越走向综合化,学力越来越能够代表个人的综合素养。很显然,传统意义上的知识观已远远不能适应时代的需求,不能再仅以此代表学力的本质了。

---

① [奥]卡林·诺尔-赛蒂纳著,王善博译.制造知识建构主义与科学的与境性[M].北京:东方出版社,2001.

(二) 学力形态:从基础学力到发展学力

学力形态是指通过学力内容元素间的相互作用而在不同场域中表现出来的学力功能样态。学力形态的概念引用不是分割学力内在元素的整体和整合关系,而是特别强调了学力在具体情形中的价值取向和功能定位。

关于学力形态的区分最基本的莫过于佐野良五郎的基础学力与发展学力之分,在此基础上国内学者则把学力形态划分得更为详细,即:生存学力、课业学力、专业学力、实践学力、趣味学力等。[1] 钟启泉先生依据古典认识论中的"感性"、"悟性"与"理性"将学力区分为直觉型学力、考察型学力和洞察型学力。[2] 袁运开先生将学力分为基础学力、发展性学力与创造性学力。学力论争中无可绕开的就是对"基础学力"问题展开的争辩,故而,基础学力构成了学力形态的根本和原初状态。"基础学力"是后一阶段学力赖以形成的"学力",经历了从各门学科培养的学力到构成一般学力的基础知识、理解、技能等。无论是西方20世纪50年代后的"回归基础"运动,还是我国的20世纪80年代以来的"加强双基",都从不同的角度阐释了"基础学力"的重要价值。

如果说"基础学力"概念的提出是"知识授受"下的观念延伸的话,那么生存学力、发展学力则是社会和学校深刻变革的直接反映。日本于1996年7月19日发表的咨询报告《展望21世纪我国教育应有状态》提出了在"轻松宽裕"的学习环境中培养"生存能力"的教育改革理念。它认为,现在的日本学生没有闲暇时间,生活忙忙碌碌,因而主张给学生创造轻松宽裕的学习环境。它所提出的生存能力包括三点:(1)无论社会怎样变化,都能自己发现课题、自学、独立思考,自主地作出判断并行动,更好地解决问题的素质和能力;(2)不断地律己、与他人相协调、同情他人之心、感动之心等丰富的人性;(3)茁壮成长所不可缺少的健康和体力。[3] 可见生存学力的关注已经成为日本学习指导的核心理念。作为发展的"未来学力"论正成为现在基础学力论的主流。知名的未来学家阿尔温托夫勒认为"未来学力"就是能够有效地使用已有知识,能够适应需要获得必要的信息的能力,具有创造力。[4]

学力形态的多样性是学力内涵丰富性的直接映照,学力形态与学力内涵之关系是形式与内容、现象与本质的具体体现。因而,不管学力形态如何,都是本质的反映,在

---

[1] 苏兴仁.学力形态论概述[J].人民论坛,2011(4)中:141—143.
[2] 钟启泉.关于学力概念的探讨[J].上海教育科研,1999(1):16—19.
[3] 张德伟.日本基于新学力观和生存能力观的教材观[J].外国教育研究,2002(10):27—32.
[4] 钟启泉.关于学力概念的探讨[J].上海教育科研,1999(1):16—19.

分析学力问题时应该把握现象背后的本质。

(三) 学力主体：从学生到教师

当我们思考学习概念时，无可回避的问题就是"学力是谁的学力"，即关于学力主体的问题。日本及国际研究更多关注的学力主体是"学生"，是对作为学习主体的人的学力研究，而我国古代"学力"一词的出现到当今"学力"概念的使用，没有仅仅局限在"学生"身上。在古代，"学力"意指学问造诣，基本上与学生没有必然联系，而现在研究虽然重点关注学生的学力，但教师学力也不断受到研究者的关注。

崔相录先生在1994年第2期的《教育研究与实验》上就明确提出，中小学教师学力和专业水平亟待提高。1983年钱梦龙先生在给一位青年教师的回信中明确提出了"学历≠学力"。随后，关于教师学力研究的文章不断出现，如杨玉相的《教师创造性学力刍议》，周正怀的《教师继续教育：学历与学力孰重》，冉隆平的《论现代学力观下的中职教师发展性学力和创造性学力培养》，吴举宏的《教师群体学力低落的原因分析》等。虽然现在关于"学力"研究的主流定位在"学生"上，相对来说关于"教师学力"研究显得少而又少，但是"教师学力"研究应该具有与"学生学力"研究同等的地位。可喜的是，教师学力已开始进入了研究者的视野，逐渐成为研究的另一个重要领域。

学力主体研究的转向，不是削弱了对学生学力的关注，而是从专注"教师学力"的角度深化学生学力研究，这一转向充分体现了教育旨在促进学生主体发展的本质。与此同时，我们绝对不能削弱"教师学力"研究的价值，没有教师学力提升，就不会有学生学力的发展，所以，学力主体研究从"学生"转向"教师"是教育实践与理论无可回避的问题。显然，开辟"教师学力"研究意义重大。

(四) 学力形成：从学科教学到学校生活

在对学力概念的界定中，学力形成的概念视角是诸多"学力"概念界定的基本方法之一，无形中都会根据学力的形成去判定。如胜田守一的界定(学力是通过学校教育而在学生身上所形成的各种能力的总合，它是由认识能力、感应表现能力、劳动能力和社会能力所构成。因此，学力又叫做"学校的能力")、小川太郎的界定(学力仅仅是通过教学活动而形成的智慧能力)和木下繁弥的界定(学力是学习学科教材的结果，表现为外显化的学业成就，即知识与技术；同时也是在掌握知识的过程中所获得的学习潜力，即学习方法、科学方法、探究能力等)。

学力形成与对学力概念的理解有着直接的联系。狭义的学力观认为通过学科教学形成的能力才谓之"学力",是与在生活现实中培养起来的能力即生活能力相对应的一种概念。从广义而言,凡是借助学校教育所形成的能力就是"学力"。如果把学校教育分为学科教学和生活指导,那么通过学科教学及生活指导而形成起来的能力的总体便是"学力"。

就目前及未来发展情况来看,狭义的"学力"观远远不能解释学生学力形成的多样化因素,尤其是随着综合实践课程的实施,学校教育生活甚至社会教育生活也成为了学生学力形成的重要组成部分。所以,学力形成途径由学科教学拓展到学校教育生活是教育发展的必然,但我们决不可因此而忽视或弱化学科教学的功能,或者泛化学校教育生活的作用,只能肯定学力形成是多因素相互作用的结果。

学力概念内涵的转换不是否定学力原有的定义,而是扩充和丰富学力内涵,从而能够使我们从不同的视角更加深刻地认识与理解学力,为进一步研究学力奠定基础。

第二节 教师学力的新概念

作为反映现实与面向未来的"教师学力"是指学校情景下教师适应学校生活、履行专业职责和实现个人可持续发展的现有水平与潜力的总称。教师学力内涵包括学校情景下教师的社会性、专业性和发展性水平,其特点可以从结构论、关系论和实践论的视角进行诠释。这样,不仅能够深化对教师本质的认识,丰富教师理论,还可以拓展学力研究视域,丰富学力理论,为揭示和解决教师的生存、学习与发展中的深层问题提供指向。

一、教师学力的本质内涵

社会性、专业性和发展性是教师作为"学校人"所具备的三个基本属性,代表着教师发展的三种取向[1]:生态转变的教师发展(社会性),教师的知识与技能发展的教师发展(专业性),教师自我理解的教师发展(自我发展性)。社会性是指教师作为"学校成员"在学校集体活动中所表现出的有利于集体整体发展的社会特性;专业性是教师作为"教育工作者"在课堂实践中所表现出的教育教学的专业特性;自我发展性意指教

---

[1] 黄显涵,李子建.从评价改革及范式审视教师发展的实践困境[J].全球教育展望,2011(1):84—88.

师在自我学习与提升中所表现出的动力特性。三重特性的互动与融合构筑了教师学力的本质内涵。

(一) 基于交往合作的生活生存力

共生性存在是当代人学观的一种重要取向,不论个体生活于何种时空条件下,他决非是孤立的、自我封闭的,而必定是与他人相互关系的①。人与人之间的交往无论是过去的"在场",还是今天的"缺场",都会在无限时空中重新组合,呈现"在场"与"缺场"的多重交叉性。共生的基础活动是交往,共生的前提是合作,故而,合作与交往构成了人存在的根本生存方式,是人社会性的本质体现。

作为学校成员的教师当然是一种关系性存在,无疑,交往与合作构成了教师学校生活的基本存在方式,体现着教师的社会角色。

教师作为教育工作者,承担着教书育人的教育使命,教师的生命价值就在于交往合作中成就学生、成就学校也成就自己,教师的社会角色决定了教师学力的社会性内涵。因而,教师的交往合作中所表现的生活生存力就是教师学力的基本内涵。交往合作是教师履行自身职责、实现自我价值根本途径,教师的交往合作对象、交往合作内容、交往合作方法、交往合作层次与交往合作水平是教师生活生存方式的具体体现,是教师学力水平的直接反映,所以,交往合作方式与交往合作效率是一个教师综合素质的表现。

教师的交往合作具有主体间性,体现着交往合作的平等、自主。交往主体主要是基于教育目标的教师为主导的交往合作,其中,校长及其他管理干部亦作为教师来加以分析,而师生之间的交往与合作则从课堂实践中去分析。当然,教师的交往合作也不能脱离在学校工作的其他员工,此研究重点分析任课教师之间的交往合作。

教师的交往与合作是复杂的,作为教师个体既要注重个体的自主、自由与平等,又要考虑不同教师之间的业务差异、处事方式差异,故而会产生交往与合作的差异性与多样性,教师在复杂的交往合作中完成教学任务、锻炼自己,因此,这一交往实践充分彰显了教师的生活生存力。

(二) 基于课堂实践的教育教学力

课堂是教师工作的主要场域,是实现教育教学目标的根本途径。对教师而言,课堂是教师的生命,课堂实践水平能够体现教师学力差异。

---

① 鲁洁.关系中的人:当代道德教育的一种人学探寻[J].教育研究,2002(1).

课堂实践是教师历练与展现学力的基本渠道。自夸美纽斯创立现代教学制度以来,班级授课成为当代最基本的教学组织形式。尽管随着社会的发展,教育学者针对它不能照顾到所有学生主体差异、学生实践性不强、缺乏灵活性等弊端进行了种种改革与尝试,如设计教学法、道尔顿制、程序教学、发现教学等,但是在世界范围内仍然是学校教学的基本组织形式。[①] 课堂不仅在时间上具有绝对的优势,而且也是课程实施的主要空间,充分体现了教育的目的性。

教师学力的课堂实践形式主要体现以下三种能力:一是教师的教学设计力,二是教师教学实践的操作力,三是教师的课堂管理力。其实这三种力贯穿了课前、课中与课后:教学设计力体现在课前,教学操作力和班级管理体现在课中与课后,但三者之间又不能完全分开,而是集中体现课堂之中。课堂不仅能够检验教学设计的好坏,而且也直接体现教学设计,教学操作与管理如果没有到位;不仅影响课堂成效,而且影响学生课后的行动。

当然,重视教师的课堂实践并不是意味着对学生课外实践的忽视或遗忘,而是更加充分认识到其他形式与课堂主渠道的相得益彰,任何仅仅关注课堂实践而不考虑其他的做法都是不可取的。我们要认识到课堂实践是其他多种实践的集中体现。

(三) 基于自我提升的学习发展力

教师学力不仅表现在交往合作与课堂实践中,教师的自我提升与发展也更应该是教师学力的本质内涵之一。

教师的自我提升与发展是教师学力存在的不竭动力,没有教师的不断学习,就不会有教师的发展。所以,学习发展力是教师学力的基本内涵,其根本取向是促进教师的自我发展,保证教师在教育教学中不仅能够实现自身的社会价值,同时也实现教师个人价值,这也是教育最本真目的。尽管社会从奉献的角度赋予了教师诸多角色,如春蚕、蜡烛、人梯、孺子牛,但如果不从教师个体的实际情况出发,机械片面地强调奉献,就会遏制教师的积极性,从而不利于教师的长久发展。

教师的学习发展力主要涵盖发展愿景、学习机制与自我评价三个层面。发展愿景是教师自我提升的目标设定与未来展望,发展愿景的高低直接影响教师学习动力大小,甚至决定教师的未来成就,"当一天和尚撞一天钟"的教师模式肯定会被飞速发展的教育所淘汰。学习机制是分析教师如何学习的,是教师学习方式的集中体现,教师

---

① 王策三.教学论稿[M].北京:人民教育出版社,2006:273.

良好学习机制的形成是教师专业成熟的标志。自我评价是主体自我认识的重要组成部分,是主体对作为客体的主体自身的评价活动。在自我认知活动中,主体把自我作为认知对象,形成主客体之间的"自反性结构",发挥主体的能动性,[①]从而促进主体在自我认识与评价中得到发展。自我评价的水平是教师学力水平的重要表现,是教师专业能力的直接体现,是教师持续发展的深层动力。

可见,教师学力的三层内涵决定了教师学力的特点。

二、教师学力的概念特点

教师学力的内涵充分展现了教师作为专业人员在学校教育生活中的专业属性与专业价值,体现了教师学力概念的结构性、关联性与实践性特点。

(一) 结构性

在分析教师学力概念时,我们试图从结构论的视角尽力了解教师学力的内在构成要素。根据教师学力表现功能的逻辑层级关系,可以将其分解为生活生存力、教育教学力与学习发展力。生活生存力力图解决教师的交往实践中的自身在学校生存问题,教师的生存质量是检验教师学力的重要尺度,教师如果没有足够的生活生存力,就会感觉到教师工作的无趣与倦怠。教育教学力力图解决课堂实践中的专业任务,是教师专业身份的直接体现,是教师最根本的学力表现,是教师生存之基和学力之本。学习发展力是教师自我发展的根本动力,没有教师的自我学习,就不可能适应多变的社会发展与多样的教育需求,所以学习发展力应该是教师学力展现的主线,是教师面对学习化社会的必备素养。三者共同作用构成了教师学力的专业品性。

根据教师学力内涵图,我们假定:如果用一个圆锥体来表示教师学力整体的话,圆锥体的底面 a 就代表教师的生活生存力,圆锥体的侧面 b 就代表教育教学力,那么圆锥体的高 h 就代表教师的学习发展力(图 1-9)。教师学力的结构性要素一方面显示了教师学力概念内涵的丰富多样性,另一方面也显示了教师学力概念的整体性与稳定性,具有自己的专业概念范畴,同时也展现了教师学力

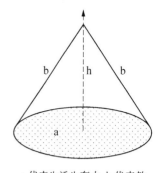

a 代表生活生存力,b 代表教育教学力,h 代表学习发展力

图 1-9 教师学力内涵图

---

① 陈新汉.自我评价论[M].上海:上海人民出版社,2011:82.

的特殊性与必要性。

(二) 关联性

教师学力概念的结构性特征决定了学力内涵各要素之间的关联性。从关系论的角度,我们可以知道,教师学力要素之间暗含着多层关联性。从教师的交往对象可以看出,教师学力要素的关联性体现在教师与教师的关系,教师与学生的关系,教师与学校的关系,教师与自我的关系,其实也是教师自我、他人与社会关系的基本反映。教师在处理各种关系中锻炼自己,实现自身的价值。随着教师工作的场域变化,教师的学力要素体现在课前、课中与课后,课堂是教师活动的主要场域,课后是课堂的延伸,也是对课堂效果的反思和课前准备的检验。从教师的工作性质,可以将教师的学力要素分为社会性要素、专业性要素和学习性要素。社会性要素代表生活生存力,专业性要素代表教育教学力,而学习性要素代表着学习发展力。

教师学力要素的内在关联性是由教师专业目标的一致性所决定的。教师的教育教学力、生活生存力与学习发展力三者相互融合与支持,互为前提与结果,共同体现在培养学生的专业性任务中。没有良好的学校环境,教师不可能体会到学校生活中的乐趣,教师的生活水平就会下降,反映在课堂上就是可能会衍生厌倦课堂的情绪,时间久了教育教学力就会下降,最终自己也没有了学习的动力,学习发展力也无从谈起。相反,如果教师的生活生存力强,就会产生积极的学习发展力,体现在课堂上的教育教学力也会提升。总之,没有教师的自我学习发展力,就不可能有良好的教育教学力;没有良好的教育教学力,很难有较高的生活生存力。

可以看出,教师学力概念的要素性分析体现了学力概念要素间的动态性、关联性与发展性,要素间既有相对的独立性,又是紧密联系共同发展的。所以,尽管从下定义的角度我们可以将教师学力进行分解,但实质上各要素相互渗透与关联,是一个紧密的整体。

(三) 实践性

教师学力的实践性体现在学力既来源于实践,又服务于实践;既在实践中锻炼,又指导着实践,因而,可以说实践是检验教师学力的唯一标准。

教师学力来源于实践,也服务实践。教师的专业劳动是一种实践活动,在教育教学的各项实践中,教师首先要解决的任务就是如何适应学校生活,如何上好课,在此基础上如何促进自身的学习与发展,在完成任务的同时,自己的各方面能力就能够形成。当然,这种能力的形成反过来又促进了专业实践的进一步发展。

与此同时，教师学力在实践中得到提升，又反过来指导着实践。如果说教师学力的形成离不开教师的专业实践的话，那么教师的学力发展更是离不开教师的专业实践。教师学力发展假如经历初级形成阶段、专业娴熟阶段、专业探索创新阶段，那么初级阶段更多侧重于来源实践，专业娴熟阶段更多体现服务实践，专业探索创新阶段更多体现着对实践的指导。但是，这种划分尽管有割裂概念整体性的嫌疑，但能够说明教师学力形成发展的阶段性特征与实践的关系，而在实践的过程中教师学力的各个阶段总是交织在一起的。

其中，我们还应该清楚，教师学力实践的阶段性也体现了实践与认识的基本关系：从实践到认识，再从认识到实践，再到认识的螺旋上升。教师学力的实践性也表现为教师学力发展在实践中形成、发展与提升的螺旋上升的过程，从而实现教师学力来源于实践，发展于实践，又服务于实践的专业属性。

从以上分析可知教师学力概念的结构性、关联性和实践性特点是教师学力概念的本质体现，充分展现教师学力的现实意义与理论指向。

三、教师学力的研究意义

教师学力概念的提出不仅能够深化我们对教师本质的认识，丰富了教师研究理论，而且也拓展了学力研究的视域，丰富了学力研究的内涵，与此同时，还为我们解决教师的实际问题提供路径，无论在理论上还是实践上都具有一定的开拓意义。

（一）深化对教师本质的认识，丰富教师理论

教师角色的特殊性与任务的艰巨性构成教师工作的创造性与复杂性，任何一项工作都不比"教育人"更复杂和充满挑战，所以，自从有了教师这一职业起，人们对其思考与认识的步伐就没有停止过，"研究教师"是一项永不完结的课题。虽然前人已经对教师素质、教师行为、教师心理、教师道德、教师发展、教师评价、教师研究、教师流失与流动等等作了较为深入的研究，但是，社会的变化、教育内容的变化以及学生的变化都促使教师发生着变化，显然研究仍需进一步拓展。过去诸多研究尽管相当丰富，但有关教师的新的课题会不断涌现。其中，教师学力问题就是当前教育中的热点与难点问题之一。

教师学力概念的提出，深化了人们对教师本质问题的认识。没有良好的学力，教师就没有立足之本，教师学力研究首先深化和细化了教师素质研究，拓展了教师研究的领域。另外，也为分析教师的学校生活生存、课堂教学和自我发展提供了新的研究视角。在以往的研究中,没有人从社会、专业和自我三个层面研究过教师素质或能力,也没有人较为系统地从学力的角度来分析教师。应该说将教师的学力分为生活生存力、教育教学力和学习发展力具有一定的创新性,能够为研究教师开辟新的研究视域。

所以,教师学力研究在未来的时间里应该成为教师研究的重要课题。

(二) 拓展学力研究视域,丰富学力理论

从学力的角度研究教师不仅丰富了教师理论,同时也拓展了学力理论。从现有的文献我们知道,目前大多数关于学力的研究都是对学生的研究,或者多数是关于学业成绩、学习能力等方面的研究。而教师学力研究明显摆脱了原有学力研究的局限,开拓教师学力研究领域。原有的学力研究的实证性较强,尤其是学力测试,就是通过标准题目来检测学生的学力。学力研究从研究学生转向研究教师,应该是一种理论的进步。

关于学生的学力研究几乎很少系统研究学力的社会性、专业性及发展性,仅仅涉及学科知识与能力的测验,而教师学力研究站在更宏观的角度,立足于教师和学生的共同发展的目标,详细考察了教师作为人、作为教育者所应承担的社会责任,不是机械地单独分析其中一个方面,而是从整体系统论出发揭示教师学力的本质,把学力作为学校场域中的多种因素的交互作用的结果,引入教师学力研究不仅拓展学力研究的主体范围,还深化了学力的内涵。

(三) 挖掘教师的深层问题,提出教师发展的路向

教师学力概念的提出一方面在理论上为教师研究和学力研究提供了新的视角,具有重要的理论意义;在实践上,教师学力概念同样对深入思考当前教师的专业生存与发展状况提供理论指导,为解决教师的现实问题提供了思路。

由于基础教育改革的深入推进,当前的中小学教师面临着多重压力,一方面是学历泛滥,一方面是学力下降。新从业教师的专业素养令人担忧,而老教师显然在学历上没有优势,在青年教师面前,他们倍感压力。与此同时,教师的生活生存压力也十分明显,农村教师由于没有了农业户口,结果没有自己的宅基地可以盖房;在城里买房,自己的工资对于房价而言显得是杯水车薪。教师专业上也是如此,原有熟悉的教学框架被改革淡化,新的教学方式没有完全习得,所以教师在专业上也比较迷茫,总之教师的倦怠情绪比较明显。

教师学力研究从综合化的角度出发,既分析教师的实际生活生存问题,又考虑教师的专业发展问题,这样纠正之前只从教师专业出发而不考虑教师的实际生存环境的、把教师作为"单独的抽象人"来看待的情况。从整体出发来考虑教师,能够更全面地发现教师的需求与问题,为进一步激励教师、促进教师发展提供客观依据和理论指导。

第二章 教师学力新评价

第一节 评价范式的进程与转变

人类社会的评价活动源于最初的本能判断与选择,原始的、本能的评价活动是自然而然产生的,是一种自发的、本能的反应,而现代意义上的评价活动产生较晚,始于认识、价值和判断,从对自然生存状态和环境的评价转向对社会的评价,从自发走向自觉。① 评价范式在从自发走向自觉的过程中,形成了自己独特的进程特点与转变路径。

一、评价范式的进程

评价并不是简单地在某一天突然出现,它是众多相互影响的因素建构和再建构发展的结果,具有自己独特的发展历程。

(一) 四代评价及其观点

根据评价的发展进程,美国著名的评价研究专家埃贡·G·古贝(Egon G. Guba)将其分为测量、描述、判断、建构四代评价。②

测量时代的评价最早是关于学生特征的测量,尤其是受心理测量研究影响的以比奈测试为代表的学校测试被称为是第一代评价。评价者的角色是技术性的,任何指定的调查变量借助于合适的调查工具都可以被测量。第二代评价是一种以描述关于规定目标的优劣模式为特征的方法,亦称为目标评估。评价者的角色是描述者,测量不等于评价,而是作为评价工具的一种被重新定义。将判断作为一种评价活动标志着第

---

① 邱均平.评价学:理论·方法·实践[M].北京:科学出版社,2010:2—3.
② [美]埃贡·G·古贝等著,秦霖等译.第四代评估.北京:中国人民大学出版社,2008:2—10.

三代评价的出现,评价者在其中扮演评判员的角色。

前三代评价的管理主义倾向、忽略价值的多元性以及过分强调调查的科学范式的重大缺陷,为第四代建构主义的评价范式创造了条件。第四代评价认为,评价是一个带有社会政治色彩的共同合作的过程,评价带有不可预料的结果,具有突发性,不可能用一种通用的方法,是一个创造现实的过程。这一评价范式强调:大众化的相对主义胜于狭隘的专制主义;共享责任胜于责任性;授权胜于剥夺;理解和欣赏胜于无知;行动胜于无动于衷。

(二) 评价的历史划分

美国教育评价家斯塔弗尔比姆(Daniel L. Stufflebeam)根据方案评价的历史进程,将其分为七个阶段:第一阶段由较早期至1900年,称之为改革时期;第二阶段从1900至1930年,称之为效率及测验时期;第三阶段从1930年至1945年,称为泰勒时期;第四段从1946年至1957年,称为纯真时期;第五阶段从1958年至1972年,为发展时期;第六阶段从1973年至1983年,为专业时期;最后的阶段从1983年至2001年,即所谓的扩张与整合时期。①

任何一个评价者必须了解评价作为一门专业的历史背景,评价专业尚未发展完全,但毫无疑问,评价已经逐渐成为教育、健康及福利方面的政府与专业结构中不可或缺的一部分。

二、评价范式的转变

(一) 科学实证主义范式转向人文建构主义范式

不同的评价范式指涉不同的知识论、不同的教师、学生参与度、评价学业成绩的不同标准以及迥异的评价影响。科学实证主义的评价范式到人文建构主义范式的转变大致经历了心理评价(psychometric)、教育测量(educational measurement)与教育评价(educational assessment),马伯瑞(Mabry)在此基础上进一步归纳出心理计量范式、脉络化评价范式以及个人化评价范式。② 范式的转换体现了概念内涵的丰富与发展,同时也从方法论的意义上,解释了评价范式的多元性与多样性,其中以下立场③代表了评价范式转向的基本路径:

● 从现代到后现代

---

① [美]丹尼尔·L·斯塔弗尔比姆等著,苏锦丽等译.评估模型[M].北京:北京大学出版社,2007:5.
② 黄显涵,李子建.从评价改革及范式审视教师发展的实践困境[J].全球教育展望,2011(1):84—89.
③ [美]丹尼尔·L·斯塔弗尔比姆等著,苏锦丽等译.评估模型[M].北京:北京大学出版社,2007:32—33.

- 从理性主义到自然主义
- 从元素/简化到全部
- 从后设叙事到无后设叙事
- 从预测到阐明
- 从认知到感觉
- 从控制到赋权
- 从知识产出到经验产出
- 从评价的探究到评价的技术
- 从测量/量化到质性描述
- 从证明到说服
- 从评估者判断优点或价值到由顾客判断

(二)两种范式的基本信念体系

两种评价范式在本体论、认识论与方法论上具有相对明显区别的信念体系(见表2-1)。科学实证主义评价范式属于现实主义本体论和决定论的信念范畴,强调预测

表2-1 两种信念体系的比较①

	人文建构主义信念	科学实证主义信念
本体论	**现实主义本体论**主张,在观察者兴趣之外只存在唯一的现实,这个现实依据不变的自然法则起作用,多以因果的形式出现。"真理"被定义为一系列与现实同行的陈述。	**相对主义本体论**主张,存在复合的、不受任何自然法则或因果关系控制的社会建构现实。"真理"被定义为最完善(信息的数量和质量)、最成熟(理解和应用信息的力量)并被一致认同(虽然可能有许多现存的建构同时遵从那种准则)的建构。
认识论	**二元客观主义认识论**主张,观察者可以使被研究的现象外化,并与其保持一定距离(这种状态经常被称作"主体—客体二元主义"),任何价值观都无法对之产生影响。	**一元主观主义认识论**主张,调查者和调查因素的确定方式在于调查结果是探究过程的直接产物。注意,这种方式能够有效摧毁古典主义本体论—认识论的划分。
方法论	**干涉主义方法论**派出了它的传染性(混淆性)影响(变化),从而使调查集中在真理以及解释自然本质和运行方式的问题上,进而增强预测和控制的能力。	**解释学方法论**涉及持续辩证的重述、分析、批评、再重述、再分析等,以显示出关于同一情形的共同建构(包括所有的调查者和响应者)。

---

① [美]埃贡·G·古贝等著,秦霖等译.第四代评估[M].北京:中国人民大学出版社,2008:52.

与控制的因果关系的确定性,评价主客体二元分明,采用干涉主义的方法论来探究问题的本质。而人文建构主义评价范式则采用相对主义本体论,一元主观主义认识论和解释学的方法论去共同建构问题。

两种评价范式在本质上虽然具有不同的信念体系,但在具体的实践活动中也具有交叉渗透与相互影响的特点。C·尼古拉斯·泰勒从二维的角度将社会评价活动分为四种取向(见表2-2):技术专家—行动;技术专家—研究;参与—行动;参与—研究。这四种取向的社会评价及两种评价信念体系的阐释为教师评价奠定了坚实的理论基础。

表2-2 社会评价取向[①]

	行动取向	研究取向
技术专家论方法 (结果导向)	行动以中央集团的社会计划和管理为基础(政府机构、顾问)	学术研究(大学、私人和公共"智库")
参与式方法 (过程导向)	行动以社区层面的社会发展为基础(当地社区组织和群体,以及社区工作者)	倡导性研究(基金会支持和代表特殊少数群体权利的独立研究)

(表中间:问题导向的方法)

第二节 教师评价的改革与发展

教师评价的历史尽管不是那么长,其实,教师评价的改革与发展的整个历程也无法逃脱评价范式转变的宏观背景。

一、教师评价的历史走向

欧美各国从20世纪初开始就开展了教师评价体系的探索,但直到70年代以后较多的学校才开始采用正式的教师评价。总结各国的教师评价发展过程,正式的教师评

[①] [新西兰]C·尼古拉斯·泰勒等著,葛道顺译. 社会评估:理论、过程与技术[M]. 重庆:重庆大学出版社,2009:32.

价改革与发展历程大致经历了三个阶段①：60—80年代末的关注学习结果的教师效能评价(teacher effectiveness)；80年代以后的关注教师职业发展的发展性教师评价；80年代中后期开始的关注教师专业化的教师评价。目前，美国教师评价的两个重要发展是②：(1)课堂评价体系的重点从教学转到学生学习上；(2)国家专业教学标准委员会(The National Board of Professional Teaching Standards，NBPTS)的工作就是制定国家教师认证评估体系，其发展趋势是基于课堂评价的以学生为中心的评价模式和建立新型的以学生为中心的课堂评价体系。日本的教师评价改革趋势是引进绩效主义和对不称职教师的应对。

当前，教师评价目的从"奖优罚劣"走向"自我完善"，教师评价主体从"被动适应"走向"主动改变"，教师评价过程从"独白控制"走向"对话协商"，教师的"参与"、"合作"与"发展"构成了当代教师评价转型的现实条件。

二、教师评价的方法与模式

美国的"教育评价标准协商委员会"在1988年发表了21个制度评价的四个标准③：适切性(propriety)标准、实用性(utility)标准、可行性(feasibility)标准、准确性(accuracy)标准，依据评价的用途不同可以形成不同的方法与模式。就方法与模式的定义而言，二者具有相对明显的差异，但关于与教师评价相结合而言，目前国内的教育学研究者还没有作较多的区分，甚至有的将教师评价方法与教师评价模式交换使用。④ 实际上，方法应该重点强调教师评价的具体性与可操作性，而模式会更加重视教师评价的系统性与宏观性。

根据不同的教师评价方法在实践中的应用价值、精确性和可行性，将教师评价方法大致概括为10种⑤：课堂观察、课堂绩效评定、学生学业成就、成长档案袋评价、学生/家长评价、同行评议/协助、教师自评/行动研究、纸笔测验/测试、问卷与面谈、后设评价。

美国著名的评价专家丹尼尔·L·斯塔弗尔比姆等人在《评估模型》(*Evaluation*

---

① 蔡永红，黄天元.教师评价研究的缘起、问题及发展趋势[J].北京师范大学学报，2003(1)130—135.
② 罗明江.美国教师评价和学校效能研究[J].黑龙江高教研究，2010(3)：65—68.
③ 钟启泉.教师评价：涵义与局限[J].全球教育展望，2006(11)：3—5.
④ 例如华东师范大学的王斌华教授认为教学档案袋是一种教师评价模式，王斌林则认为其是一种教师评价方法.
⑤ 王斌林.教师评价方法及其适用主体分析[J].教师教育研究，2005(1)：42—46.

Models)一书中详细介绍了21世纪方案评估的基本模式,对教师评价具有重要的参考价值,可以视为教师评价的模式,即:问题/方法取向评价模式(包括目标本位的评价,绩效问责评价,客观的测验方案,结果评价作为附加值评价,绩效测验,实验研究,成本利益分析模式,澄清听证,个案研究评价,批判与鉴赏,方案理论本位评价,综合研究方法研究);改善/绩效问责取向评价模式(决策/绩效问责取向评价,消费者导向评价,认可/检定模式);社会议题导向模式(委托人中心的研究或响应式评价,建构主义者评价,民主审议评价,实际利用为焦点的评价),并总结了21世纪适用的最佳评价模式(见表2-3)。

表2-3 最有力的方案评估模式的等级评价[①]

评估模式	整体分数与评等	效用性评等	可行性评等	适切性评等	精确性评等
	0—100 P(差) F(普通) G(好) VG(非常好) E(优良)				
改善/绩效问责(Improvement/Accountability-oreinted Evaluation)					
决策/绩效问责(Decision/Accountability)	92(VG)	90(VG)	92(VG)	88(VG)	98(E)
消费者导向(Consumer Oriented)	81(VG)	81(VG)	75(VG)	91(VG)	81(VG)
认可制度(Accreditation/Certification)	60(G)	71(G)	58(G)	59(G)	50(G)
社会议题/倡导(Social Agenda-directed/Advocacy Evaluation)					
实际利用为焦点(Utilization-focused Evaluation)	87(VG)	96(E)	92(VG)	81(VG)	79(VG)
委托人中心(Client-centered or Responsive Evaluation)	87(VG)	96(E)	92(VG)	81(VG)	79(VG)
民主审议(Deliberative Democratic Evaluation)	83(VG)	96(E)	92(VG)	75(VG)	69(VG)
建构主义者(Constructivist Evaluation)	80(VG)	82(VG)	67(G)	88(VG)	83(VG)

①[美]丹尼尔·L·斯塔弗尔比姆等著,苏锦丽等译.评估模型[M].北京:北京大学出版社,2007:94.

续 表

评估模式	整体分数与评等	效用性评等	可行性评等	适切性评等	精确性评等
问题/方法(Question/Method-oriented Evaluation)					
个案研究(Case Study Evaluations)	80 (VG)	68 (VG)	83 (VG)	78 (VG)	92 (VG)
成果监控/附加值(Outcomes Evaluation as Value-added Assessment)	72 (VG)	71 (VG)	92 (VG)	69 (VG)	56 (G)

第三节 教师学力评价新理念

立足于学力的教师评价指向教师的专业发展、学生的共生性成长和学校教育幸福的构建，主要考察教师在学校场域中怎么生活、怎么教育教学和怎么学习与提高。在方法论的意义上重视教师作为评价主体的参与、合作与协商，力图在情境过程中采用适用的综合评价方法来透视教师成长的历程。

一、教师学力评价的价值导向

价值导向是指社会或群体、个人在自身的多种具体价值取向中将其中某种取向确定为主导的追求方向的过程。作为教师学力评价的价值取向意将教师的专业发展、学生的成长和学校教育幸福生活的构建作为主导的追求方向。

（一）指向教师的专业发展

在教师评价的发展史上存在着两种价值取向：一是奖惩性评价，二是发展性评价。这两种评价取向在价值判断上没有优劣之分，但各有自己的适用条件与价值依据。奖惩性评价意在结果性的终极评价，作为绩效管理的核心调节手段；发展性评价指向情境性的过程性评价，意在诊断与提升。教师学力评价就是指向教师的专业发展，考察教师作为社会人、个体人的生活、工作与学习的状况。评价的目的就是通过评价来不断收集教师成长的各种信息，包括教师的生活、情感、健康、教学、班级管理、自我动力等等，通过对这些问题的了解与分析，诊断出教师的实际困难、问题与想法，努力为教师的专业发展提供切实可行的帮助。

教师的专业发展是指教师作为专业人的全面发展，而不仅仅是教师的教育教学，这种相对宽泛的界定有利于透彻分析教师作为多种角色在学校中的生存与发展现状。

如果狭隘地将教师的专业发展界定为教师的教育教学工作的话,脱离教师的生存文化环境,就很难从整体上了解教师的问题所在,也不能提出促进教师发展的有效策略。

所以,指向教师发展的学力评价是宏观的、整体的,意在改善与提升。

(二) 指向学生的共生性成长

任何教师评价如果脱离学生来谈就会失去它本应该有的意义。教师与学生是共生、共存的,没有学生教师就会名存实亡,二者的紧密关系决定了教师评价必然要把学生发展作为逻辑前提。

教师学力评价指向学生的共生性成长,其内涵亦包括两个方面:一是教师发展的终极目标应指向学生的发展,教师发展的水平从某种程度上决定了学生发展的趋向,并不是说没有教师的指导学生自身就不能发展,但没有良好的教师发展,学生的发展相对而言就比较困难,因而教师学力评价应指向学生的发展;二是学生是在师生交往互动中发展成长的,这种共生性是现实而客观存在的,二者是相互依存、相互制约和相互发展的,当然在评价教师学力时必然要考虑这种共生性成长的关系状况,必然要把学生的成长纳入考评体系之中。

指向学生共生性成长的教师学力评价立足"以人为本"的教育理念,面向未来、走向发展是其根本的导向,充分体现了教师学力评价的人本性、发展性与前瞻性。

(三) 指向教育幸福的构建

教师学力评价在指向教师发展和学生成长的基础上强调的是教育生活的幸福。《国家中长期教育改革和发展规划纲要(2010—2020年)》明确提出,要给每个孩子提供最适合的教育,要让孩子享受教育的幸福。

幸福的教育是什么?教育的幸福从哪里来?这是每位教育工作者不得不深入思考的核心问题。幸福的教育就是让孩子在学校里是快乐的、高兴的,学校是充满期待与梦想起航的地方;幸福的教育就是让教师感到学校是温馨的、和谐的,是自己愿意奉献与付出的那个令他梦绕魂牵的地方。当然,教育的幸福来自于师生的共同成长,来自于师生的共同梦想与追求,教师学力评价的目的首先就是考察教师在学校究竟幸福不幸福,教师离幸福还有多远;其次就是看学生是否是幸福的。没有教师的幸福,就很难有孩子的幸福,没有孩子的幸福就更不会谈上教育的幸福。

因而,教育幸福的构建是教师学力评价的根本价值指向之一,只要有利于教师幸福抑或孩子幸福的评价举措,就值得肯定与发扬。显然,为孩子幸福着想,并不是机械地迎合孩子的无谓需求,而是真正地遵循孩子的身心特点,寻找适合孩子的教育,让孩子在教育中成长,从而享受教育的幸福。

二、教师学力评价的对象意指

教师学力评价的价值取向意在解决"为什么评"的问题,关于"评什么"的问题则是教师评价的内容意蕴。从宏观而言,教师学力评价的对象就是"教师学校生活怎样"、"教师教育教学怎样"以及"教师学习与发展怎样"。

(一)教师学校生活怎样

教师学力的内涵之一就是教师能否适应学校的生活。教师适应学校生活水平的高低由教师适应学校生活的生存力和学校的生活文化环境决定。教师学力评价的内容就是要了解教师的生活生存现状与生存能力。

"教师有怎样的学校生活"是教师社会性水平的充分体现,如果没有良好的社会适应性,或者适应性较差,那么教师要想有个幸福的学校生活相对而言是比较难的。"教师该怎样进行学校生活"和"教师的学校生活怎样"是教师学力评价的两个基本维度,这两者基本说明了教师生存力的高低。其中,教师在学校生活中的交往与合作,是教师社会性的重要体现。倘若教师在学校中很少或者不愿意与学校场域中的"他人"进行交往与合作的话,那么教师的学校生活水平就不会很高。这说明教师没有找到对学校的归属感,没有找到教师自我的身份认同和自我价值实现的路径,因而,他就缺少幸福的理由。

所以,教师的交往意愿、交往能力、交往方式决定了教师的交往程度与交往效果,考察教师学力把"交往与合作"作为社会性的代表特征具有典型意义。

(二)教师怎样教育教学

教师学力评价的另外一个关键点就是"教师怎样教育教学"。教师的教育教学是教师作为专业人员的基本素养,是教师根本的专业素养。教育教学水平状况是教师专业素养的直接体现。

评价教师的教育教学能力重点要考虑两点:一是教师的教学素养,二是教师的教育素养。教学素养包含教师的教学设计能力、课堂教学的实践力,具体就是教师的备课能力和上课能力,是教师驾驭课堂的关键能力。教育素养指教师在管理班级和管理学生方面的管理能力,在管理中体现教育性。当然,这二者具有相对的独立性和一定的关联性,一位成熟或成功的教师必然在教学素养和教育素养上具有高度的统一,但也有只会教学不会管理的教师。教师学力评价的目的就是及时发现教师的问题与不足,为教师教育教学能力的提升提供支持。

因而,教育教学力成为教师学力评价的对象之一存在一定的必然性与必要性,缺少教育教学力的教师学力评价是不完整的。

(三) 教师怎样学习与提高

如果说教师的学校生活状况和教育教学状况是外在表现的话,那么决定这些状况的根本内因便是教师的自我学习。教师的专业性工作是一种创造性工作,具有与众不同的独特性,这是由每个学生的独特性、教学情境的独特性以及教学内容的独特性的交互作用所决定的,因而内在驱动力是教师发展的关键,是教育教学成功的核心力量。

教师学力评价意在分析教师的内在驱动力,这种驱动力主要表现为教师如何在不同的场域中采用适合自己的方式进行学习与发展。具体说来,应包括学习意愿如何、学习能力如何、学习方式如何、学习效果如何等等,其中,值得我们注意的是教师的反思力也是学力评价中不可忽略的内容。教师的学习力是教师主体性的充分展现,是自主性、反思性与创造性的前提,因而没有教师的主动的反思,就很难有教师学习动机的激发,没有内在的学习动机,创造性又谈何容易。没有主体性的教师就不可能有良好的教育教学效果;没有良好的教育教学效果,就不可能有幸福的学校生活;没有教师的幸福生活,学生的教育幸福生活就会成为空中楼阁。

所以,把教师学习与提升的发展力纳入教师学力评价的范畴是必要的,因为它是一切良好教育教学工作与学校生活的原初动力。

三、教师学力评价的方法论意义

教师学力评价的价值导向指明了"我们的评价要走向哪里",而教师学力的评价内容告诉我们"我们要评价什么",当然,"怎样进行评价"则为我们提供方法论的启示。

(一) 教师作为评价主体的参与、协商

基于教师发展的教师学力评价,不能仅仅将教师视为评价的对象与客体,而且应立足于教师是评价多元主体的一极,让教师积极主动地参与到评价的各个环节中去。

教师作为评价主体,一是能够体现教师学力评价的发展性理念,充分彰显教师是发展的对象与主体,评价活动的展开都是为了自己的发展而进行的。二是能够体现教师专业的特殊性,能够让教师在评价中充分认识自己的问题与不足,能够更好实现评价中的交流、沟通与理解,以期提升自己的专业素养。三是能够体现教师的主体性,让教师认识到自己是评价的主人,个人专业成长与发展只有在自己的努力下才能够实现。当然,教师参与评价,并不代表其就是评价的权威,其他人没有任何发言权;相反,其更应该虚心接受别人的评价,充分尊重评价多样主体间的平等与合作关系。只有这样,才能虚心接受评价中给自己提出的合理建议和意见,才能真正超越自己走向发展。否则,只能固步自封。

教师作为评价主体的参与、对话,意味着教师的自我解放、自我发展有了可供借鉴的平台与机遇。

(二)"形而上"与"形而下"评价方法的综合运用

"形而上者谓之道,形而下者谓之器。"形而下就是指具体的、感性的事物,形而上就是指比较抽象的规律和原则。在具体评价方法中,我们可将质性思辨的方法称之为"形而上",将量化实证的方法称之为"形而下",在具体的评价实践中将质性思辨与量化实证有机结合的运用,则称之为"形而上"与"形而下"评价方法的综合运用。

形而上的理论思辨与形而下的量化实证尽管属于两种不同的评价范式与研究范式,但毕竟二者的出发点相通,即要服务于问题的解决,具体落实到教师学力评价上,那就是如何通过不同的评价方式和方法,找出教师发展中的问题,力图用"横看成岭侧成峰"的多元与多层视角去理解教师、认识教师和成就教师。还有就是,用任何单一的方法去评价教师多样复杂的教育生活都会显得力不从心,这是由任何模式与方法都有它的使用条件与局限性决定的。在具体的教师学力评价中我们要根据情况的变化灵活地采用相应的方法,而不是盲目笃信一种方法的普适性。

教师教育情境的复杂性决定了"形而上"与"形而下"的评价方法的综合运用和合理性存在。

(三)根植情景的动态发展性

在方法论的意义上教师学力评价重点突出评价的过程性、情境性与动态发展性,通过过程性的评价,强调评价进程中的完善与提升;通过情境性评价,强调教师学力评价的特殊性、个别性与针对性;通过动态发展性评价,强调教师问题的生成性与教师成长的过程性,重视教师发展的未完成性。

根植于情境的动态发展性的学力评价符合教师的专业特点和教育的性格特征。教师自身的生涯发展必然要经历新手——熟手——专家型的发展阶段,教师成长的历程就在于它的过程性与发展性,所以在教师评价的时候,我们决不能用固定的标准和模式来评价所有阶段的教师。世界上最复杂的事情莫过于对人的教育,教育的性格特征就是教育活动的瞬息万变性,基于这一特征,情境动态发展性评价具有生存的理由与空间。

我们还要清楚,情境的动态发展性评价并不是走相对主义的路线,并不是对什么问题都有一个肯定的、客观的解决办法与评价原则,而是在特定的条件下追求客观基础上的多元与多样。关于教师学力评价,我们绝不要陷入"非此即彼"的机械二元观,同时也不能走"啥都可以"的相对论路线,经验告诉我们基于情境的动态发展性的教师学力评价要具体情况具体分析,要实事求是。

第三章 教师学力新境遇

《国家中长期教育改革和发展规划纲要(2010—2020年)》在工作方针中明确提出,"把促进公平作为国家基本教育政策。教育公平是社会公平的重要基础。教育公平的关键是机会公平,基本要求是保障公民依法享有受教育的权利,重点是促进义务教育均衡发展和扶持困难群体,根本措施是合理配置教育资源,向农村地区、边远贫困地区和民族地区倾斜,加快缩小教育差距"。随着国家教育投入的不断加大,硬件资源的差距将会逐渐缩小,这种差距将在一定程度上能够通过"标准化学校建设"快速实现,而软件资源的配置尤其是教师,在一段时间内农村学校与城市学校存在着较大差距。推动义务教育均衡发展的终极推动力量就是教师的质量,国内外在推进农村教师发展上都在进行各式各样的探索,优质均衡成为城乡教师学力发展的现实期盼与未来追求。

第一节 义务教育均衡发展的教师学力指向

强制性、公平性与补偿性是义务教育均衡发展的主要特征,这一特征蕴含了义务教育的本质及其要求。实现义务教育均衡发展的外在因素(硬件)与内在因素(软件)的作用程度是不同的,其中作为内在因素的教师质量是义务教育均衡发展的本源性问题。

一、义务教育均衡发展的本体论体现

"义务教育是国家依法统一实施、所有适龄儿童少年必须接受的教育,具有强制性、免费性和普及性,是教育工作的重中之重。均衡发展是义务教育的战略性任务。"因而分析义务教育的发展轨迹及促进义务教育均衡发展具有本体论的意义。

(一) 义务教育发展的历史轨迹

义务教育是人类自身为了自我生存与发展而提出的保障适龄儿童受教育的权利，是人类面向未来发展的前瞻性选择。据亚洲开发银行报告，目前世界上有170多个国家实行了义务教育，人类义务教育的历史至今也有四五百年了。

义务教育开端于16世纪的欧洲宗教改革运动，新教国家为推行宗教教育，提倡广设教育。1619年，德意志魏玛邦学校法令中明确规定，父母应送其6—12岁子女入学，否则政府得强迫其履行义务。19世纪70年代后，英、法、美等发达国家大多实行义务教育。到20世纪70年代末80年代初，已有近60个国家实施义务教育。各国实施义务教育的年限长短，大体是由该国的经济发展水平和文化教育程度决定的。[①]

建国以来，中国的义务教育经历了三个不同的发展时期，在坎坷与争论中步入了21世纪。[②] 1949年的《中国人民政治协商会议共同纲领》及1954年正式颁行《中华人民共和国宪法》都明确规定公民有受教育的权利和义务，这时的特点是：注重普及、发展速度快和从国情出发。1985年的《中共中央关于教育体制改革的决定》对义务教育作出了明确的定义。1986年通过的《中华人民共和国义务教育法》规定，国家实行九年制义务教育，标志着中国已确立了义务教育制度。2006年9月1日起开始实施新的《义务教育法》，新修订的义务教育法中最终明确："国家将义务教育全面纳入财政保障范围，义务教育经费由国务院和地方各级人民政府依照本法规定予以保障。"

(二) 义务教育均衡发展的价值展现

义务教育均衡发展蕴含着理念更新、战略转型和科学发展的重要内涵，来自现代社会不同价值范畴的发展理念，使得义务教育均衡发展的内涵在不断地更新、扩展、叠合，并且复杂化，但其背后的价值展现是清晰的。首先，以义务教育为主体的基础教育显示了国家与公民之间的契约，是真正意义上的基本社会权利；其次，教育公平是实现社会公平的起点和基石，也是社会公平在教育领域的延伸和体现；最后，义务教育均衡发展是科学发展观在基础教育领域贯彻落实的体现与要求。[③]

东北师范大学柳海民教授也认为，义务教育由非均衡向均衡的发展转变，不单是教育发展的必然要求，本质上体现了实现教育平等、促进社会公平和正义以及构建科

---

① http://baike.baidu.com/view/29450.htm.
② 朱永辉. 新中国义务教育发展历程及其评价[J]. 现代教育科学(普教版),2004(1):24—26.
③ 刘新成,苏尚峰. 义务教育均衡发展的三重意蕴及其超越性[J]. 教育研究,2010(5):28—32.

学发展观的和谐社会之价值诉求。① 因而,义务教育均衡发展既是一种权利,也是一种保障;既是一种理念,也是一种行动。它的价值意义不仅体现在个体的发展上,也体现在整个社会的发展水平上,应该是人类个体和群体共同追求的目标。

义务教育均衡发展充分体现了"以人为本"的价值观与发展观,是人类社会进步的标志,不论是作为一种教育的理想,还是作为一种阶段性的奋斗目标,均衡发展就是要坚持公平,坚持以人为本,以师生为本,从根本上实现人的全面发展。

(三) 义务教育均衡发展的基本原则

关于义务教育均衡发展究竟要遵循哪些基本原则,学界有着不同的表述。北京师范大学褚宏启教授认为,义务教育均衡发展要遵循平等原则、差异原则和补偿原则,义务教育均衡发展有着对公平和质量的双重诉求。② 中央教育科学所于发友研究员认为,县域义务教育均衡发展应明确优先超前原则、协调统筹原则、政府为主原则、资源均享原则、重在普及原则、质量第一原则。③ 还有人提出了义务教育平等的原则;以受教育者的发展为本的原则;公平优先、兼顾效率、利益最大化的原则;全面规划、分阶段实施的原则;以机会公平为起点、资源配置为基础、教育质量为核心、县域均衡为重点的原则。④

上述学者尽管对义务教育均衡发展基本原则的表述方式不尽相同,但内在的追求是一致的,那就是要尽最大可能让全体公民接受良好的教育。

在分析义务教育均衡发展这个问题上,也会存在这样或那样的误解与困惑,我们必须理性地看待这个问题。我们必须明确的是均衡发展不等于平均发展,亦不等于削高就低和整齐划一。同样,均衡发展也不是限制发展,而应该是积极发展,是高水平、高层次的多样化和特色发展,应在发展过程中逐步减少甚至消除低水平学校,鼓励发展快的地区提高质量和水平,让优质教育资源得到迅速发展,从而实现教育的高层次均衡发展。⑤ 我们必须认识到均衡发展本身并不是目的,而只是手段,它追求的是为了一种公平、高效、优质的理想义务教育而努力的过程。

二、义务教育均衡发展的指标体系

根据科尔曼和胡森的起点公平、过程公平和结果公平的教育公平理论,不同学者

---

① 柳海民等.本体论域的义务教育均衡发展[J].东北师大学报(哲社版),2005(5):11—18.
② 褚宏启,高莉.义务教育均衡发展评估指标与标准的制订[J].教育发展研究,2010(6):25—29.
③ 于发友.县域义务教育均衡发展的指标体系和标准建构[J].教育研究,2011(4):50—54.
④ 李继星.关于义务教育均衡发展指标体系的初步思考[J].人民教育,2010(11):9—12.
⑤ 柳海民等.本体论域的义务教育均衡发展[J].东北师大学报(哲社版),2005(5):11—18.

对义务教育均衡发展的指标体系进行了相关探讨。

翟博设计了涵盖教育机会、教育资源配置、教育质量和教育成就的教育均衡测度指标体系。① 王善迈提出了教育公平评价体系指标,包括受教育权和入学机会公平、公共教育资源配置公平、教育质量公平和群体间教育公平。② 朱家存等从机会均衡、教育资源配置均衡、教育质量和成就均衡三个维度制定了区域义务教育均衡发展的指标体系。③ 袁振国选择生均经费、师资力量、物质资源、学生辍学率等"直观"的指标,以资源配置为主线设计了一套义务教育均衡发展评价指标体系。④ 于发友提出从三个层面构建指标体系,即构建义务教育环境均衡度、义务教育发展的城乡均衡度、义务教育发展的结果均衡度。⑤ 沈有禄从资源配置的角度来分析,借鉴国外经验,构建了一个包括人力资源、财力资源、物力资源和教育资源配置制度的公平性的基础教育资源配置均衡指标体系。⑥ 范先佐从教师、学生和教育保障系统三个层面设计了包含教师资源均衡度、生源均衡度和保障系统均衡度的义务教育均衡发展的指标体系。⑦ 王晋堂等研究者从资源配置的角度出发,认为基础教育均衡发展主要就是保证三个层面的均衡:一是"硬件"的均衡,即校舍及教学设施等物质条件的均衡;二是"软件"的均衡,即以教师为代表的师资力量和以校长为代表的学校管理水平的均衡;三是"生源"的均衡,即要为每一位学生提供优质教育⑧。王景英、张春宏将县域义务教育评价的内容大致分为三个部分:基础性内容、发展性内容和灵活性内容。基础性内容分为县域教育发展战略规划、教育经费投入与管理、办学条件、教师队伍、环境与安全;发展性内容分为教育信息化、教育科研水平、农村社区教育的发展情况、农村社区教育的发展情况四部分;灵活性内容和标准分为办学体制和培养模式改革情况、地方课程和校本课程的开发情况、学校布局调整的合理性。⑨ 楼世洲、宁业勤设计了入学机会、政策规划、经费保障、条件设施、师资配置、普及效果、学业成功等指标。⑩ 还有学者采取"问

---

① 翟博.教育均衡发展:理论、指标体系及测算方法[J].教育研究,2006(3).
② 王善迈.教育公平的分析框架和评价指标[J].北京师范大学学报,2008(3).
③ 朱家存,等.区域义务教育均衡发展监测指标体系研究[J].教育研究,2010(11).
④ 袁振国.建立义务教育均衡发展系数,切实推进义务教育均衡发展[J].教育发展研究,2003(6).
⑤ 于发友,等.县域义务教育均衡发展的指标体系和标准建构[J].教育研究,2011(4):50—54.
⑥ 沈有禄.基础教育均衡发展:我们真的需要一个均衡发展指数吗?[J].教育科学,2009(12).
⑦ 董世华,范先佐.我国县域义务教育均衡发展监测指标体系的构建[J].教育发展研究,2011(9).
⑧ 王晋堂.重点校体制的终结与均衡发展的路径[J].人民教育,2006(18).
⑨ 王景英,张春宏.县域义务教育评价指标体系的构建与内容解析[J].教育测量与评价,2009(8).
⑩ 楼世洲,宁业勤.县域教育均衡发展督导评估方案研究[J].教育测量与评价,2009(2).

题模式"设计了包含办学条件、师资力量、经费投入、生源质量和教育质量的五个指标领域。①

通过诸多研究者的不断思考与努力,义务教育均衡发展的指标体系尽管在表述上不尽相同,但其本质追求是相通的。其实,义务教育均衡发展的三种公平是相互依存的,没有起点的公平,过程公平和结果公平就很难实现,当然无过程公平的均衡教育显然也是不大可能的。无论指标体系怎么表述,其中三个方面要凸显出来:一是关于"硬件"的均衡,指的是办学条件。这一点随着国家投入的不断增加,城乡学校的差距将会逐步缩小,最终能够消除这一差距。二是关于"软件"的均衡,重点指的是师资配置均衡及发展均衡,是"人"的因素,当然也包括生源的均衡。人的因素是义务教育均衡发展至关重要的因素,相对硬件因素而言,这一城乡差距在较短的时间内难以完全弥补。这也是政府和人民追求的目标,是"以人为本"科学发展观的重要体现。三是"机制制度"保障系统的制定与落实。这一方面既体现教育权和受教育权,也是"硬件"和"软件"均衡发展的前提条件。这三个方面体现教育均衡发展的本质,即通过机制与制度的建立来保障和促进教育的内外因素相互融合与共生,进而实现义务教育均衡发展。

三、义务教育均衡发展的终极推动力

义务教育均衡发展的终极推动力应该是人的因素,教师作为重要的"人力因素"对教育的影响是至关重要的。"百年大计,教育为本;教育大计,教师为本"的含义就在于此。因而,教师成为义务教育均衡发展的终极推动力有着必然逻辑。

(一) 教师资源是教育发展中最核心的动力

良好的教育必然要由良好的学生来体现,良好的学生又由良好的教师来培养,可见,教师的作用是毋庸置疑的。正如胡锦涛总书记在全国教育工作会议上指出:"教育事业发展的关键在教师,必须紧紧依靠广大教师和教育工作者,遵循教育工作办学教学,不断提高教师政治和业务素质,弘扬尊师重教的社会风气。"这是对新中国60年教育事业发展得出的重要结论,也是今后教育事业改革和发展的重要指导。

作为教育重要的三个内在要素,"教师、学生、课程"构成教育存在与发展的支柱。教师通过课程来教育学生是教育的根本规律,其中学生是教育的对象,是处在发展中

---

① 肖军虎. 我国县域义务教育均衡发展指标体系的构建[J]. 教育理论与实践, 2011(9).

的人,要将他们培养成为什么样的人,则由代表国家立场的教育目的的教师来实施,教师对教育目的的理解程度,从某种意义上决定了教育对象的发展取向。课程是教育学生的载体,是国家意志与教育目的与培养目标的具体反映,从国家的理想课程到教师的实施课程,最后到学生的体验课程,这一过程也是在教师的理解、解构与建构的基础之上实现的,其偏差程度也取决于教师的水平。不难看出,教师作为教育发展的三要素中的重要位置是不可忽视的。

所以,教师资源是教育发展的核心动力,是关键中的关键,必须落实其重要性,否则教育的发展就会滞后。

(二) 教师资源差距是城乡教育差距的根本所在

中国特殊的国情造就了教育差异的客观现实,城乡之间、区域之间、乡镇之间以及中东西部之间的教育差距是非常明显的,中国特有的城乡二元差异在教育上的体现也是非常明显的。在新中国成立初期,由于优先发展城市学校及优先建设重点校或示范校的思路,使我国城市的部分学校得到了快速发展,教育质量也得到了快速提升。但是与此同时,农村学校没有得到与城市学校同等发展的机会,这些学校办学条件较差,师资队伍不强,管理水平相对落后。随着教育大众化时代的到来,尤其是普九攻坚的深入推进,人民对优质教育的需求也越来越强烈,原有的城乡二元结构差异的教育现实必须得到解决。

在推进城乡教育一体化的过程中,政府优先把学校基础建设提到首位,尽管当前农村学校的条件与城市有一定的差距,但这种硬件差距在政府经费的持续高投入下会逐渐缩小甚至消除,并且能够在较短的时间内实现。其实,在一段时间内难以缩小城乡差距的就是教师资源的问题。农村原有师资水平较为低下,再加之农村优秀教师单向度流向城市的倾向在中国现有的文化传统下很难短时间内得以改变,导致了农村教师与城市教师的学力差距越来越大。城乡教育之间差距最大的除了硬件之外,就是教师资源,并且城乡教师资源差距的缩小不容易在短期内实现,所以是教育均衡发展的最大问题。

(三) 推动农村教师发展是当前义务教育均衡发展的主要途径

我们清楚了教师资源是教育发展中的重要推动力,教师资源的差距是城乡教育差距的根本所在,因此如何缩小这一差距是各级政府、学校的根本任务所在。

义务教育均衡发展的举措多种多样,尤其是可以按照机会均等、过程均等和结果均等的原则加速实现这一艰巨任务。在诸多的发展举措中,教师质量的提升应该是重中之重,因为教师质量的提升是缓慢的、长期的,不能一蹴而就。

很显然,农村教师的整体素质与城市教师存在很大差距,要解决这一问题必须在促进城乡教师质量共同提升的基础上,优先促进农村教师发展。因为,农村教师的问题具有深刻的历史性与中国特有的文化困扰,"跳农门"是多数农村教师的期望,农村教师学习与发展的动力在一定程度上不是要"扎根农村",而是"飞向城市"。不得已留在农村的教师的职业倦怠非常严重,心理压力异常大。不解决农村教师的发展问题,义务教育均衡发展的可能性就不存在。没有农村教师的幸福,就很难有农村学校孩子的幸福,农村的孩子不能享受幸福与优质的教育,中国的未来教育会有希望吗?

因而,推动农村教师发展是当前义务教育均衡发展最为紧迫的任务。

第二节 城乡教师学力差距的客观现实

随着《国家中长期教育发展与改革规划纲要(2010—2020年)》的颁布与实施,各级政府都在积极努力地采取各种措施,加大农村教育投入,改善农村办学条件,提升农村教师待遇。经过近几年工作力度的加大,农村的办学条件有了较大的改善,但城乡之间的各种差距仍然较大,这与义务教育均衡发展的理想还存在巨大差距。

一、城乡教师的社会保障差距

(一)农村教师与城市教师工资待遇横向比较差距较大

随着基础教育绩效工资的推行与实施,农村教师的工资收入比从前有了较大的提升。有些沿海发达城市率先实行农村教师补贴的办法来吸引和留住农村教师。例如,浙江省根据具体实际明确了绩效工资政策的三个导向:一,突出向农村教师大力倾斜。自2008年起,凡在浙江县城关镇以下任教的农村教师,每月都能拿到60元至400元的农村教师津贴,各市县还可以在此基础上加大对特别偏远山区的补助力度。"同教龄、职称、工作量的农村教师收入水平明显要高于城市教师。"二,突出向班主任倾斜。在70%的基础性部分中,浙江专门设置了班主任津贴,与原来的津贴幅度相比提高了至少10倍。三,突出对绩效考核的指导,要求各学校制定的具体实施办法中,考核和分配办法均须经教代会通过,并需报主管部门备案批准,并对教代会考核小组的人员和结构作了明确规定。① 这一措施在一定程度上提高了农村教师的积极性。

---

① 刘华蓉等.体现岗位差距,实现重点倾斜[N].中国教育报,2010-02-03

从现实的调查情况来看,尽管教师的工资在纵向比较上有了较大幅度的提升。但与公务员和其他行业人员相比,显然远远低于其他行业,越是经济发达的地方表现得越是明显。正如全国人大代表、北京师范大学庞丽娟教授所说:"中西部农村教师上世纪90年代中后期平均月收入500元至700元,如今到了1200元左右,确实有一定提高,但与其他行业相比仍有不小的差距。应依法落实教师的法律地位、身份、待遇,确保义务教育阶段教师工资不低于当地公务员平均水平。通过十几年的努力,国拨工资这块解决得很好,津补贴则没有很好地落实。'建议国家设立农村艰苦地区教师特殊岗位津贴,给农村教师以激励。'目前,很多农村教师没有医疗、养老等'三险一金',应抓紧解决他们的实际问题。"①

教育部2008年发布的《国家教育督导报告》称全国农村中小学教师人均年工资收入不足城市教职工的70%。事实上,城乡教师收入差距过大的根源不在于工资,工资只构成今天城镇教师收入的一小部分,城镇教师收入的大部分来源于城镇学校丰厚资源优势、各种各样的福利待遇如课时补贴、住房补贴、相关奖励等,以及由其衍生的相关"额外"收入如补课费、资料费等等。如果算上生活环境和文化氛围等软因素,城乡教师的实际收入差距就更大了。

(二) 农村教师办公条件仍然较差,工作压力大

虽然,国家和地方政府已经加大力度来改善农村学校的办学条件,但总的来说,农村教师办公条件仍然很差。大部分农村学校教师办公地方拥挤,十几人乃至几十人挤在一间办公室办公;办公条件简陋,教师办公室冬天没有取暖设施,夏天没有降温设备;教师备课条件差,有的教师教会学生使用电脑而自己却没有电脑,要求学生上网查阅资料而自己却无网络可上。城市学校的电脑、空调、电子白板,农村教师根本不敢设想。我们在四川简阳的农村学校调研中发现,某所学校不到30平方的房间里,设置了十二张办公桌,除公共通道外,每位教师占有的办公面积不超过1.5平方米,每个办公桌上到处堆的都是资料、学生作业本,地下到处也是资料,教师们最大的心愿就是"拥有一台笔记本电脑"。

目前,农村教师的工作压力相当大,一是留守儿童逐渐增多,孩子越来越不好管;二是学生流失严重,成绩好的及家庭经济条件好的学生都不愿意在农村学校读书;三是社会对农村教育质量的要求越来越高,教师的工作量大幅增加。据抽样调查统计,

---

① 柴葳等.农村教师期待更多公共政策[N].中国教育报,2012-03-12

有51.3%的教师每天工作8—10小时,17.8%的教师每天工作10—12小时,还有8.4%的教师每天工作达到了12小时以上,同时,有26.5%的教师认为自己的工作量已经是"超负荷",44.9%的教师认为自己"付出超过回报"。教师普遍感到缺乏成就感,只有压力。部分农村中学教师平均周课时量达18节左右,小学教师则在20节以上,沉重的教学任务和进修压力,加上现在学校没有经费实施管理激励,农村教师普遍缺乏工作热情和动力。

(三)农村教师住房是现存的一个突出问题

"安居乐业"是中国的一句古话,作为教师当然也是如此。农村教师的住房问题是当前农村教育中的重大问题,是影响农村教育发展的重要因素。由于历史原因,农村教师属于城镇居民户口,在身份上属于国家干部,首先在农村他们没有宅基地可供建房,也没有土地可以耕种,另外又因为原来的农村教师来源于农村,基本上家里都有房子,所以没有住房补贴,当然也没有经济适用房的申请。而随着农村教师来源的多样化,外地甚至是外省的大学毕业生也参与到农村教育中来,在经济发达的地区这种情况非常普遍。对这些年轻的农村教师来说,他们既不能建造自己的房子,也没有经济实力购买商品房,所以,对他们而言,住房压力很大。

调查发现浙江某乡镇农村教师中有自己住房的仅占18%,70%是住在父母家或者岳父母家,租房者占到10%左右,这样算来约80%的农村教师没有自己的独立住房,可见大量农村教师无住房问题十分突出。这些无房教师大部分属于40岁以下的中青年教师,他们居无定所,生活十分不便,导致老教师难以稳定,新教师难以聘用,成为目前农村教育发展的最大障碍之一。城里教师显然在住房方面明显具有优势,他们既有房补,也有住房公积金,甚至还有经济适用房可以申请,而对于农村教师而言这些显然还没有实现。

如果农村教师的住房不给予解决,要想让教师"扎根农村、奉献农村"显然难度很大。

(四)城乡教师的资源配置差距

由于多种历史原因,城乡教师在职称学历、任教学科结构、生师比、年龄与性别结构上存在一定的差距。[①]

农村教师高级职称的比例明显低于城市学校。2007年,全国小学中高级职务教

---

① 本部分调查数没有特殊说明外均据摘自2008年《国家教育督导报告》。

师比例为48.2%,城市高于农村9.5个百分点以上。贵州、陕西农村小学中高级职务教师比例均低于30%,城市高于农村15个百分点以上。全国初中中高级职务教师所占比例为48.7%,城市高于农村19.2个百分点。

教师学科结构性矛盾突出,中西部农村学校部分学科教师短缺,外语、音乐、体育、美术和信息技术等学科教师严重不足,相关课程难以开齐。2006年,全国有508个县每县平均5所小学不足1名外语教师;西部山区农村小学平均10所才有1名音乐教师;中西部贫困地区、少数民族地区农村初中音乐、美术、信息技术三门学科教师平均每校都不足1人,致使部分学校无法正常开设规定课程。

农村教师学科结构不合理,所学专业与所教课程不对口的现象亦较为突出。初始学历合格的初中语文、数学、外语、美术、音乐、艺术和体育教师,约有1/3是学非所教,其中城市约为20%,农村则超过40%;而初始学历不合格的教师,取得合格学历的专业与所教课程对口率更低。抽样调查表明,初始学历不合格的初中教师,取得合格学历的专业与所教课程对口率为58.2%,农村低于城市,语文为58%、外语为50.7%、数学为20.2%、体育为8%、艺术类为5.6%。取得合格学历的途径主要是自学考试、函授、业余或广播电视大学,占87%,全日制成人高等教育占11%,普通高等教育占2%。这与原来小学教师注重全科培养的政策相关,但随着社会发展,全科培养的教师在一定程度上不能完全适应教师专业化发展的需求。但分科培养的方式,在小学可能又不完全符合我国的现有国情。

2007年,全国普通小学、普通初中有专任教师907.7万人,其中小学561.3万人,初中346.4万人。从城乡分布看,县镇和农村的教师占82.7%。全国义务教育阶段约有1/4的教师工作在艰苦地区。国家规定的县城小学师生比为1∶21和农村小学师生比1∶23,现行教师编制标准尚未充分体现农村边远地区学生居住分散、交通不便、学校规模小、成班率低等特点,不能适应这些地区学校教育教学对教师的实际需求。寄宿制学校等教师附加编制在部分省、区也还未得到落实。

农村教师老龄化现象明显,如我们调查的某农村寄宿制小学,全校共有7个班级,186名学生,22名教职员工中年龄最大的59岁,最小的43岁。女教师比例高于男教师。2007年,全国普通小学、普通初中专任女教师共计477.3万人,占义务教育阶段专任教师总量的52.6%。小学、初中女教师分别为312.8万人和164.6万人,占专任教师总量的比例为55.7%、47.5%。从城乡看,女教师比例城市高于农村,特别是城市小学女教师的比例高达79%。

二、城乡教师的自我发展差距

(一) 农村教师的自我身份认同不高

农村教师尽管得到了国家政策支持与保障,但农村教师的自我身份认同仍然不是很高。当被问及"您认为自己属于社会哪一层次(上层、中上层、中层、中下层、下层)时",92.3%的农村教师选择了"社会中下层",96.4%的农村小学教师选择了"社会下层";当被问及"与三年前相比,您的社会经济地位是上升、下降、基本一样时",78.6%的农村教师选择了"基本一样",17.7%的农村教师选择了"下降",只有3.7%的农村教师选择了"上升";当被问及"与同龄人的其他社会阶层相比,您本人的社会地位是较高、差不多、较低时,100%的农村教师认为自己的社会地位高于城乡无业/失业/半失业人员阶层,但比国家及社会管理者阶层、经理阶层、私营企业主阶层、其他专业技术人员阶层、办事人员阶层、个体工商户阶层低下,67.6%的农村教师认为自己的社会地位和商业服务业员工阶层、产业工人阶层差不多,48.9%的农村教师认为自己的社会经济地位略高于农业劳动者阶层。① 这表明农村教师对自己专业人员身份及地位的评价度不高,尤其是农村小学教师的阶层认同度最低。就绩效工资背景下的目前情况而言,越是经济发达的农村,农村教师的自我认同度越不高。

(二) 农村教师培训积极性高,费用不落实,培训成本加大

随着国家课程改革的深入推进,无论城市教师还是农村教师对学习与培训的愿望都是异常的积极。一方面面对新的课程改革理念他们必须要不断更新自己的教育教学观念,改变自己的教育实践;另一方面来自家长、学校、社会的压力也给教师的学习提供了外在的动力。但现实情况,尤其是对农村教师而言,一些问题会更加突出。首先是在学习经费上得不到应有的保障,被各级部门克扣与截留的现象仍然很普遍,再加上农村教师的培训与学习的成本比城市教师大,一是到城里参加培训的住宿费用、交通费用以及生活费用都会增加,二是时间成本也较大。其次,农村教师更大的问题是工学矛盾的突出,他们很想学习,但由于农村教师课时多、教课门数多,教师很难脱身,其他教师也没法顶替。

(三) 城乡教师的自我发展机会差距大

城乡教师的自我专业发展机会有很大差距。首先是农村学校重视不够或"心灰意冷"。受传统应试教育的影响,学校只片面重视学生的考试成绩而忽视教师专业水平

---

① 李金奇.农村教师的身份认同状况及其思考[J].教育研究,2011(11):34—38.

的提高。其次,教师自身缺乏需求。这部分教师自认为凭自身的水平、经验,完全可以应付农村地区的家长要求和学生需求,或者他们根本没有积极向上的动力,处于"当一天和尚撞一天钟"境况。再次是学校存在的客观困难让学校教师在专业化发展上"心有余而力不足"。农村学校的师资力量、办学条件相对薄弱。农村教师少,多数学校的师资仅能满足开齐、开足课程的需要。缺乏现代化教学手段,有很多课程如自然、音乐、科技、少先队活动等学科及活动都无教室、活动室,学科知识都无法完成,更谈不上钻研教学。最后就是农村教师缺少真正实用有效的外出培训、学习机会,即使有机会,要么由于经费或名额问题而付诸东流。平时教学实践缺少专家具体有效的专业引领,培训模式缺少对农村教师的针对性。

"农村教师被忽略太久了",要为解决农村学校问题提供一些变通手段,要为农村教师创设一个更积极和更主动的环境,着眼农村学校教师专业化发展,促进农村教师专业化成长,让城乡教师差距日益缩小。

"农村教师被忽略太久了" 2005年09月11日02:34 新京报

人物:张晓岩,清华大学新闻传播学院硕士研究生三年级学生。主持这次农村教师生活状况的访谈性调查,负责撰写了这次调查报告。在清华大学经管学院北侧的草坪边的一个石凳旁,见到了身材不算高大的张晓岩,胖墩墩的身子,有些扁平的鼻子上架着一副眼镜。谈话中,张晓岩把"农村教师调查"看作是自己毕业前最"宏大"的事。

新京报:怎么想着要去调查农村教师的现在的状况呢?

张晓岩(以下简称"张"):当时去河北怀来瑞云观乡参加组织活动,被当地老师的精神所感动。那个学校很多东西都是募捐来的,他们在这么艰苦的环境下,为学生们创造各种学习的条件。从那时开始我对农村教师问题开始比较关注,想在毕业之前在这方面做一些事情,这可能是我毕业之前最后一件"宏大"的事了。

新京报:你们是怎样选取调查对象的?

张:与其说是调查不如说是走访。我们没有科学地选取走访对象,只是对朋友介绍的一些老师做些走访。

新京报:农村教师给你们留下什么样的印象?

张:感觉他们经济负担太重。年轻教师也就六七百块,但他们工作量比较大,没有时间去做别的事情,也就没有别的收入来源。我从网上看到一个名字说这叫

"裸体工资"。

新京报：除了经济上的负担，农村教师还面临哪些负担？

张：他们工作上的负担比较重。农村师资力量奇缺，他们的课时量都比较大。像河北怀来瑞云观中心校一位毕业没多久的英语老师，每周承担1—5年级32节课，十分辛苦，另外一位英语老师除了带6年级毕业班，还要承担6年级的自然课教学。他们学校总共也就这么两个英语老师。很多农村老师都要同时教多门课程。

新京报：他们对自己的这种现状满意吗？

张：大多数还是觉得凑合。我们在怀来遇到一个民办教师，他由于编制的问题一直没有转正，他说妻子给他的压力很大，如果两年内他还无法转正的话，他就要离开教师这个职业了。其实他很爱教师这个职业，但他现在的工资太低，每月只有150元。

新京报：现在农村教师的基本权益还能得到保障吧？

张：教师工资改为以县财政为主以后，基本能保证按时发放了。不过很多当年没有转正的民办教师比较艰难。在河北修水还有老师说，他们没有医疗保险。

新京报：农村教师的人心稳定吗？

张：我们访谈到的情况，教师普遍流失严重。骨干教师能走就走，有些门路的就会向县城里钻。在陕西岚皋县，我们接触到十多个官员，有八九个以前都是农村教师。

新京报：你们还特别强调了农村教师队伍老化的问题，这种情况很严重吗？

张：对。因为县级财政编制人数有限，加上计划生育使得农村孩子减少，农村普遍出现了年轻教师比例极低的局面。有人担心将来农村教师队伍会青黄不接。

新京报：农村教师在教学上发展空间怎样？

张：我还是觉得他们主要仍然是灌输式的教育理念，对学生是家长式的管理。我们在怀来时跟那些小学生座谈，这些小学生坐不住，一位中年女教师就走过去，二话没说，狠狠地用报纸抽学生的脑袋，这些学生这样也就老实了。他们需要一些自我提高的机会，但据我们了解，农村教师进修的机会太少了。

新京报：你们在建议中还提到成立专项基金，来资助这些农村教师。你是怎么想到这一点的？

张：走访中很多老师都说，之所以进不来人，也留不住人，主要是因为财政上没有钱。既然政府财政上没有钱,我们就想到从社会上筹集一些资金,用于设立专门为农村教师和农村教育的基金。因为农村教育问题和农村教师问题被忽略太久了。

第三节 农村教师学力发展的国际经验

一、农村教师发展的社会保障

社会地位和待遇是农村教师发展的社会保障,没有良好的社会保障就没有高素质的教师队伍。在世界上,无论是经济发达国家如美国、德国、法国、英国、日本,还是发展中国家如印度、孟加拉国等都十分重视农村教师的社会地位和待遇。

农村教师除了基本的工资待遇外,还享有其他特殊待遇。如印度中小学教师可以享受如下福利待遇:带薪休假(退休前累计300天);产假(母亲135天,父亲15天);每四年三次探亲假;休假旅游乘飞机、乘船、乘火车和乘长途公共汽车有优惠;根据工资的高低,每月缴纳15—150卢比,生病住院时免费用餐和治疗;50个月基本工资总额的低息建房贷款25万—75万卢比;18个月基本工资总额的购车贷款18万卢比;其他还有摩托车贷款、计算机贷款、节假日贷款、自然灾害贷款等;退休年龄延长至62岁,农村教师还有40—1 300卢比的补贴。印度全国教师委员会报告中对中小学阶段的教师队伍建设第12条规定:"为了克服农村地区教师尤其是女教师短缺的问题,有必要在这些地区兴建各种住宅区,并提供各种特殊津贴、奖学金或其他鼓励措施。"[①]美国2007年颁布的《农村教师保留法案》明确规定至少在农村任职三年的中小学优秀教师才可以获得工资红利奖金。日本的《偏远地区教育振兴法》规定都道府县必须对偏远地区学校教职工增发特殊津贴,还必须为服务于偏僻地区的教师提供充分的进修机会和所需要的费用以及其他各种形式的津贴,如寒冷地区津贴、单身赴任津贴等。巴西政府规定基础教育发展与教师专业发展基金的60%必须用于教师的培训和工资的提高,并设立"直接到位补贴经费"为贫困地区教师工资的发放提供经费保障。菲律宾实施艰苦工作津贴以鼓励农村教师,农村教师除享有基本工资之外,还享有各种福利补贴,同时在普通拨款法令中明文规定,对于到学校上课有困难的教师,如学校与家庭

---

① 薛正斌.印度义务教育师资队伍建设对中国的启示[J].外国中小学教育,2011(1):37—40.

距离10公里以上,在没有通公交车的情况下,应发放特别交通补助。① 2009年9月英国出台了新的措施鼓励最优秀的教师进入最需要的薄弱学校去:(1)给每位加盟薄弱学校的教师一万英镑的"金手铐"奖励;(2)授予2010—2011年新任合格的教师和校长教学硕士学位;(3)可以同其他参与学校的教师共享教育教学网络。这一计划每年能够覆盖500所学校,涉及6 000名教师,在三年的时间内能够很大程度吸引优秀教师到薄弱学校任教,从而能够改善其教学质量,提升处于不利地位学生的学业成绩。②

从世界的经验来看,各国的农村教师尽管在界定上有一定的差异,但与城市教师相比农村教师的实际困难都是存在的,尤其是农村文化及农村对教师的吸引力不够是世界上普遍存在的问题,只不过各国存在问题的差异较大。不管问题的难度大小,各国都在积极采取特殊的激励与干预措施,确保农村教师的社会地位,提高农村教师的福利待遇是国家发展的趋势。

二、农村教师发展的专项计划

农村教育是世界教育发展中的"短板",农村教师是农村薄弱学校发展的灵魂,世界上诸多国家都在努力改变农村教师作为弱势群体的社会地位,针对农村教师的特点量身打造促进其发展的专项计划。

澳大利亚政府非常重视乡村地区的发展,针对农村教育制定了《乡村地区计划》(Country Areas Program, CAP),采取优惠政策鼓励优秀教师到乡村任教,如优厚的年薪、带薪假期、减免交通费用等;重视乡村教师的专业发展;用信息技术为乡村教师教学提供有用的资源。③ 印度实施"教师培训计划"(SKP),改善以拉贾斯坦邦的边远、贫瘠及社会经济相对落后的村落为对象的初等教育,实现教育的高质量普及,同时在印度形成了一个从中央到地方比较完整的教师培训网络,提高教学水平并吸引更多的教师在农村任教,并通过实施黑板行动计划等政策,力图解决正规小学最基本的设施问题,如教室、教师、黑板等。④ 在美国中西部,大部分学区都提供了"新任教师支持计划",如密歇根州92.8%的农村学区、印第安那州83.7%的农村学区、俄亥俄州92.1%的农村学区都采用这项计划。农村学校对新任教师的帮助包括简化教案、提供精心安

---

① 王娟涓,徐辉.国外城乡义务教育均衡发展的经验及启示[J].外国中小学教育,2011(1):7—12.
② 孙德芳.英国提升薄弱学校质量的举措[J].中国教育学刊,2009.
③ 陈娜.澳大利亚发展农村教育的重要举措[J].外国中小学教育,2007(8):41—43.
④ 王娟涓,徐辉.国外城乡义务教育均衡发展的经验及启示[J].外国中小学教育,2011(1):7—12.

排的进修项目、定期安排听课、加强新任教师与学校其他工作人员的交流。教师间的积极合作不仅能改进教学,发展教师专业能力,也有助于农村教师克服孤独感,获得专业成就感。① 联合国教科文组织也针对中国的西部农村教师发展进行了专项计划。如 2012 年隶属于联合国教科文组织的国际农村教育研究与培训中心发起的"为中国而教"(Teach Future China,TFC),以培养促进教育公平的领导者为使命,输送优秀大学毕业生到农村任教两年,提供持续而系统的培训,培养和集结关心教育的优秀人才。2003 年由联合国计划开发署、英国国际发展部和中国政府三方共同出资的 UNDP403 的现代化远程培训项目,对甘肃、云南、四川在内的中国西部三省九县最贫困地区的小学教师特别是其中的女教师、代课教师、少数民族教师等进行培训,旨在通过应用远程教育技术(ICT),大规模提升中国西部贫困地区的教师质量。

农村教师发展专项计划在一定程度上解决了农村教师存在的一些问题,为促进农村教师的快速发展提供了平台与机制,相对而言也形成了相对稳定的项目管理经验,这对世界各国而言都具有一定的借鉴意义。

三、高等学校深度介入农村教师发展

随着教师教育职前职后一体化的不断推进与深入发展,大学参与教师职后培训的力度不断加强,形式也不断更新。20 世纪 80 年代以来,大学与中小学的合作伙伴建构已经成为一种世界性的趋势,②当然,高等学校深度介入农村教师发展也是时代发展的必然要求。

在 20 世纪 80 年代中期的美国教师专业化运动中,霍姆斯小组在《明天的教师》(1986)中提出了建立 PDS(Professional Development Schools,专业发展学校)从事教师教育的主张,这一主张提出后便得到了全美大学和中小学的支持,许多大学和学区及中小学合作建立了 PDS 基地。美国的州立大学和学院都在制定专门的农村教师培训计划,以帮助教师更好地在农村学校工作,扩大并加强农村学校教师和行政人员的在职培训。此外,高等学校还应向农村学校及学校所在地提供必要的技术援助。美国密苏里州还推行了促进农村教师专业发展的 ERZ(The Missouri Educational Renewal Zones)计划,该计划以高等教育机构为中心,联合全州的教师和技术支持组织,希望建

---

① 李祖祥. 美国农村教师职后教育的新动向[J]. 外国教育研究,2010(1):85—88.
② 谌启标. 西方国家大学与中小学的合作伙伴研究[J]. 教育评论,2009(3):165—168.

立解决农村教师供给、培训方面问题的长效机制,充分利用现代技术促进农村教师专业发展,通过各方的广泛参与,更新农村教师教育,以提高农村教育教学质量。在农村教师专业发展方面,有些高等学校为农村教师专业发展提供了有针对性的方案,如内布拉斯加州立大学林肯分校(University of Nebraska at Lincoln)自1999年起就实施了一个针对美洲印第安学生的方案,至2007年,已有19名学生毕业并回到他们自己的社区工作。内布拉斯加州立大学科尼分校(University of Nebraska at Kearney)则把同农村教师合作、为农村教师服务作为学校的重要理念。由于位于典型的以农村为主的州中心,学校采取多种策略,充分利用学校现有资源开展专门针对农村教师专业发展的项目。①

英国伦敦大学教育学院(IOE)PGCE(Postgraduate Certificate in Education)项目的PGCE课程分为针对小学教师的PGCE Primary课程和针对中学教师的PGCE Secondary课程,针对每一科目的教师都有单独的培训计划,大学教师作为指导者为培训教师提供多方面的服务。对农村教师也有一些特殊的照顾,如可以直接授予农村新任合格的教师和校长教学硕士学位等。

大学深度介入农村教师的发展,不仅能够促进农村教师教育教学能力的提升,同时也在一定程度上影响了农村教师文化,有助于农村教师的长远发展。

四、农村教师的"自我成长"战略

由于受社会环境、交通条件、文化环境等因素制约,农村学校的条件差,教师流动性大,教师的福利待遇得不到保障,没有发展机会等诸多客观原因,致使没有人愿意长久安心地扎根农村教育,这是世界共性的问题。为了解决这一问题,许多国家都在尝试从农村当地选拔生源进行培养,然后再回到当地农村进行工作的"自我成长"的农村教师发展策略。这样一方面能够激励当地青年人从事教育事业,另一方面当地青年人也适应其独特的文化环境与生活习俗,具有扎根当地农村教育的条件。

例如在印度,由于农村地区生活条件艰苦、交通不便、报酬较低等原因,许多教师不愿意到农村学校教书。因此,印度全国教师委员会报告中对中小学阶段的教师队伍建设第26条规定:"在农村和部落地区招聘教师,应尽量选择本地人,并在必要时,放

---

① 王守纪,杨兆山.美国促进农村教师专业发展的策略及启示[J].外国教育研究,2010(4):79—84.

宽合格教师的要求。"①近年来,印度农村开始招聘离学校较近的当地教师,取消了教师认证的一些苛刻标准,使更多的教师到偏远农村学校任教,并能留住他们。

美国相关教育管理和研究机构针对出身农村的学生和教师制定了本土培养模式,即"自我生长"战略。"自我生长"战略的核心理念是招募来自农村的学生,因为他们对农村情况更加了解,更有可能回到农村教书。"自我生长"战略主要包括土著民教师教育计划、教育职业阶梯和可选择性的证书计划等三个方面。以土著民教师教育计划为例,该计划每年培养12—15名合格的小学教师到印第安人学校任教,学员可以获得生活补贴、免交学费等待遇,毕业生将会获准从事小学教师职业。弗吉尼亚州家乡教师项目从农村生源中挑选志愿从事农村教学工作的学生作为培养对象,其培养过程贯穿高中阶段、威斯维尔社区学院阶段和拉得福大学阶段,大学合格毕业后,这些学生被分配到相关农村学校。这一模式在美国多个州推广,并在培养和保障农村教师方面取得了较好的成效。②

农村教师的"本土化"培养,在一定程度上缓解了农村教师不愿扎根农村教育的现实,要想真正做到留住农村教师,必须给予其超常的社会地位、经济地位与政治地位,让农村教师心甘情愿地奉献在农村教育的这片热土上。这种"订单式"培养在短期内能够改善这一问题,但从长远发展而言,国家必须树立可持续的农村教师支持政策。

五、农村教师交流机制

教育均衡最重要的表现就是资源均衡,通过城乡教师流动机制的建立能够在一定程度上提升农村教师的认识水平,增强农村教师的教育教学能力,改变农村的教师文化与学校文化,这在某种程度上对推动城乡义务教育均衡发展具有重要的现实意义。尤其是日本的定期交流机制,对提升农村教师素质具有重要的借鉴意义。

众所周知,日本发达的社会经济得益于日本优质的教育,尤其是日本的基础教育世界领先,这与日本良好均衡的优质教师资源是分不开的。为了实现公立中小学教师资源的均衡优质发展,早在1949年日本政府制定的《教育公务员特例法》中就规定日本中小学教师的"定期流动"属公务员"人事流动"的范畴,该法在20世纪60年代初趋于完善,并一直沿用至今,世界公认其相当完善和成熟。

---

① 瞿葆奎.教育学文集:印度、埃及、巴西教育[M].北京:人民教育出版社,1991:388.
② 付淑琼.美国农村教师保障机制研究——以弗吉尼亚州家乡教师项目为例[J].中国教育学刊,2012(2):78—81.

日本教师的定期流动主要包括城乡之间的流动和跨县级行政区域间的流动。日本义务教育教师流动的比例最大，尤其是城乡之间的流动率在1996年占54.3%。例如东京的《实施纲要》中规定须流动的三种情况：①(1)在一校连续任教10年以上以及新任教师连续任教6年以上者；(2)为解决学校教员超编而有必要流动者；(3)在区、市、町、村范围内的学校及学校之间，如教师队伍在结构上(专业、年龄、资格、男女比例等)不尽合理，有必要调整而流动者。法律对不应流动者也作了相应规定：初入职未满3年，57岁以上未满60岁的教师，妊娠或休产假期间的教师，长期缺勤的教师。

日本基础教育公立学校教师流动地域一般以就近为主，绝大多数是在同一市、街区、村之间流动，跨行政区域间流动比例较小，其流动一般在条件好的地区和学校与条件差的地区和学校之间轮换，以保持各地各校师资的动态平衡，因此偏僻的学校同其他地区学校间以及不同类型学校间教师交流的比例大致是平衡的。日本政府制定教师流动的法规政策和实施程序，县(都、道、府)教育委员会每年编列教师流动计划。计划中考虑到都市和乡村之间、偏僻地区和非偏僻地区间教师的交流，同一学校教师构成的合理性，同一学校长期任职者变动等问题。由于是政府直接组织和主导，教师流动必须调控满足各地各校，特别是偏僻地区学校教师在质和量上的动态平衡，避免这些地区学校优秀教师的单向流失。

日本政府对义务教育均衡发展中出现的问题主要是依靠"教育立法"、"高效行政"两种途径来解决。"教育立法"和"高效行政"的有效结合使均衡发展有了法律的强力保障和行政执行力的坚定支持。② 日本的城乡教师流动机制保障了各基础教育师资力量的相对均衡，同时对交流到农村的教师有各种特殊的津贴，这在一定程度上能够满足教师的实际需求，让教师安心和放心地从事农村教学。即使在农村工作的教师也具有较高的社会地位和经济待遇，自尊心和自信心同城市教师一样，因此，日本义务教育已由"形式均衡"转入了"实质均衡"，它这种做法的有些地方还是值得借鉴与学习的。

国际的经验与做法，有些具有共性有些具有个性，我们要积极吸收各国提升农村教师素养的合理经验，在"扬弃"的基础上为我所用。只有不断学习与借鉴世界上的先进经验，才能更好更快地解决我国农村教师存在的问题，才能尽快地改善我国义务教育发展不均衡的现状，才能够更好地全面提升我国教育的质量。

---

① 黄树生.日本教师"定期流动制"对我国义务教育教师配置均衡化的启示[J].上海教育科研,2011(7)：27—28.
② 李文英,史景轩.日本义务教育均衡发展的实现途径[J].比较教育研究,2010(9)：38—42.

第四节 农村教师学力发展的实践路向

随着中国社会在世界舞台上的迅速崛起,中国政府深刻认识到教育对未来发展的决定性作用。中国特殊的国情造成了农村教育相对薄弱的现状,农村教师学力一直是政府非常关注的问题。

20世纪末期以来,政府根据国家的经济社会发展水平,出台了一系列改善和提高农村教师待遇和素质的相关政策。1999年《中共中央国务院关于深化教育改革全面推进素质教育的决定》提出缩小城乡教师差距的要求;2000年教育部启动"东部地区学校对口支援西部贫困地区学校工程"和"西部大中城市学校对口支援本省(自治区、直辖市)贫困地区学校工程";《国务院关于基础教育改革与发展的决定》(2001)要求地方政府保障农村教师工资和提供与城市教师一致的"四金";国家在2001年首次全面实施教师资格认定工作过程中选择优秀毕业生加入农村教师队伍;《国务院关于加强农村教育工作的决定》(2003)强调积极推进农村学校信息化建设,同年,教育部启动全国教师教育网络联盟计划,建立覆盖城乡的教师教育网络体系;2004年教育部在全国部分师范大学招收农村教育硕士,为农村定向培养高素质的高中教师;2006年2月教育部下发《关于大力推进城镇教师支援农村教育工作的意见》;《教育部、财政部关于实施"中小学教师国家级培训计划"的通知》(教师[2010]4号)要求,各地严格将培训对象限定为农村义务教育教师,等等。

中国政府近年来在促进农村教师学力发展上,进行系列富有成效的改革举措,在某种程度上有力保障了农村教师学力的有效提升。

一、农村教师学力发展的外在保障——绩效工资

义务教育教师绩效工资的实施是进一步完善我国教师工资制度的迫切要求,依法保证义务教育阶段教师工资待遇的必然要求,促进义务教育均衡发展的必要举措。义务教育均衡发展的关键是学校的均衡,学校均衡的关键在于教师的均衡。可以说,义务教育能否均衡发展关键看教师,教师队伍能否均衡关键在于教师收入分配制度的改革。[1]

---

[1] 范先佐.义务教育教师绩效工资改革:背景、成效、问题与对策[J].华中师范大学学报(人文社会科学版),2011(11):137.

为了改善农村教师的收入过低、工资拖欠以及城乡教师待遇差距过大的情况,激励农村教师奉献农村教育,提升农村教师的综合素养,从2009年1月1日起,全国义务教育学校开始实施绩效工资。

义务教育教师绩效工资分为基础性和奖励性两部分。基础性绩效工资主要体现地区经济发展水平、物价水平、岗位职责等因素,占绩效工资总体的70%,具体项目和标准由县级以上人民政府人事、财政、教育部门确定,一般按月发放。奖励性绩效工资主要体现工作量和实际贡献等因素,在考核的基础上,由学校确定分配方式和办法。根据实际情况,在绩效工资中设立班主任津贴、岗位津贴、超课时津贴、教育教学成果奖励等项目,针对农村学校教师给予特殊的补贴。义务教育学校实施绩效工资所需经费纳入财政预算,按照管理以县为主、经费省级统筹、中央适当支持的原则,确保义务教育学校实施绩效工资所需资金落实到位。县级财政要优先保障义务教育学校实施绩效工资所需经费,省级财政要强化责任,加强经费统筹力度,中央财政要进一步加大转移支付力度,对中西部及东部部分财力薄弱地区的农村义务教育学校实施绩效工资给予适当支持。[①]

经过两年的实施,初步解决了教师收入偏低、与当地同级别公务员平均工资水平差距较大的问题,保证了同一县域内教师工资水平大体平衡,促进了县域内义务教育的均衡发展,充分调动了广大教职工的工作积极性,大大促进了学校教育教学质量的提高。尤其是对广大农村教师而言,他们的自信心有了很大的提升,教师的自我认同感有所增强。

虽然,在绩效工资的背景下,农村教师的待遇比从前有了一定的提高,但部分地区义务教育教师绩效工资难以得到保障,城乡、地区之间义务教育教师绩效工资差距仍然较大,同一县域及同一学校内教职工绩效工资分配不均。尤其是在农村教师经费保障机制上,显然还没有得到完全落实,有些地方仍旧沿袭"以县为主"的拨款模式,导致对农村教师的倾向性不够,这些激励措施没有足够的吸引力让优秀的教师到农村任教。另外,绩效工资在实施过程中,也存在着若干问题,尤其在教师绩效与考核上,如何更好激发广大农村教师的工作积极性与主动性,是摆在我们面前的紧迫任务。

---

① 《关于义务教育学校实施绩效工资的指导意见》(国办发[2008]133号)。

二、农村教师学力提升的顶层设计——国培计划

为贯彻落实党的十七大关于"加强教师队伍建设,重点提高农村教师素质"的要求和《国家中长期教育改革和发展规划纲要(2010—2020年)》的精神,教育部、财政部决定从2010年起实施"中小学教师国家级培训计划"(简称"国培计划"),是在中小学教师培训中具有示范引领作用的高端培训,它要求培训具有"示范引领、雪中送炭、促进改革"的作用[①],以"着力解决农村教师在教育教学中面临的实际问题,促进教师教育教学水平的提高和专业能力的发展"为导向。

"国培计划"包括"中小学教师示范性培训项目"和"中西部农村骨干教师培训项目"。"中小学教师示范性培训项目"包括中小学骨干教师培训(骨干教师集中培训、骨干班主任教师培训、农村紧缺薄弱学科骨干教师培训、教师培训者研修)、中小学教师远程培训(农村义务教育学校教师远程培训、高中课程改革教师培训);"中西部农村骨干教师培训项目"的培训重点是:农村中小学教师置换脱产研修,农村中小学教师短期集中培训,农村中小学教师远程培训。

2009年,"国培计划"共计培训45万名中小学教师,覆盖全国31个省(区、市),600多个县,几十万所中小学校,其中县及县以下的农村中小学教师近37万名,占其总数的82%左右。2010年,"国培计划"共计培训115万名骨干教师,重心下移,以农村教师特别是中西部农村教师为重点,共计培训县及县以下农村教师110万名,占参训教师总数的95%以上。其中,"中西部项目"覆盖23个省份的82万名农村义务教育教师,县以下农村超过70%。[②]

"国培计划"为农村教师成长搭建了坚实的平台,引领农村骨干教师快速成长。通过高层次的国家级培训,一方面紧密了农村骨干教师之间的关系,增进农村教师与名师的交流与探讨,另一方面,拉近了专家与农村教师间的距离,专家不再是纯理论地说教,而是紧紧贴近农村基础教育实际,由案例说事,深入浅出、娓娓道来,化解了农村教师心中一个个难题。另外,现代便捷的联系方式如电话、QQ、邮箱更能拓展农村教师的学习、交流的时间、空间。大批国家级优质教师培训资源被农村骨干教师们通过刻录光盘、网络资源下载等方式带回所在学校,使优质教育的影响力逐渐扩大。

---

① 管培俊.精心筹划精心组织确保"国培计划"顺利实施[J].中小学教师培训,2010(2).
② 刘利民.认真总结"国培计划"实施工作经验 努力开创教师培训工作新局面——在"国培计划"总结交流工作会议上的讲话.http://www.gpjh.cn/cms/ldjh/789.htm,2011,4.

三、农村教师补充的有益尝试——特岗计划

农村教育的关键在教师。但是,从当前实际情况看,一方面是一些农村学校特别是西部边远贫困地区农村学校教师匮乏,另一方面是大学生去不了,合格教师补充不上。为了进一步改善农村义务教育阶段中小学师资力量薄弱、结构失衡、素质需要提高的现状,国家2006年制定了《农村义务教育阶段学校教师特设岗位计划实施方案》,决定组织实施"特岗计划"。这项计划是创新农村学校教师补充机制,吸引高学历人才从事农村义务教育的一项重大举措,也是引导和鼓励高校毕业生到西部边远贫困地区就业的实际行动,有利于缓解经济薄弱的西部农村地区义务教育阶段学校教师紧缺状况,优化教师队伍结构,提高教师队伍质量和水平,逐步改变农村教师队伍面貌,进而提高农村教育质量。

该计划自2006年实施以来,共招聘了24万名中央特岗教师,赴22个省区、1 000多个县、近3万所农村学校任教,2011年"特岗计划"又招聘了5万多名中央特岗教师。在三年服务期满后,特岗教师连续两年留任农村的比例达到了87%。各地普遍反映,"特岗计划"有力调动了地方补充教师的积极性,探索形成了引导大学生到中西部农村艰苦边远地区长期任教的新机制,为农村学校补充了大量高水平骨干教师。中央"特岗计划"发挥了示范作用,河北、吉林等13个省积极推进地方"特岗计划",共招聘了近6万名教师到省级贫困县农村学校任教,增强了农村学校的生机和活力,对于解决补充合格教师的问题起到了很好的促进、示范作用,促进各地重视加强农村教师队伍建设。

国家出台的"特岗计划"在一定程度上为农村教师补充了新鲜血液,但有许多后续问题仍需进一步的关注。如何让这些参与特岗计划的教师们发自内心地愿意留在执教单位,想方设法为特岗教师提供发展的机会与平台,从而做到"留得住,用得好"。

四、农村高层次骨干教师培养——硕师计划

解决农村教师匮乏和整体素质偏低问题是加快农村教育发展、全面提高农村教育质量的重中之重。为了解决这一问题,教育部决定从2004年起实施"农村高中教育硕士师资培养计划",简称"硕师计划",主要目标是为县镇及以下农村学校培养具有教育硕士专业学位的骨干教师,提高农村教师学历水平和整体素质。具体做法是从具有推荐免试硕士研究生资格的高校中,选拔部分优秀应届普通本科毕业生,录取为"硕师计划"研究生,并与地方政府教育行政部门签约聘为编制内正式教师在县镇及以下农村

学校任教,服务期三年,并在职学习研究生课程。第四年,到培养学校脱产集中学习一年,毕业时获得硕士研究生毕业证书和教育硕士专业学位证书,其培养方式不断改进,可以概括为三种:"1+1+1+2"、"3+1+1"、"3+1"培养模式。

"农村学校教育硕士师资培养计划"自2004年实施以来,取得了积极成效,为农村学校培养了一批骨干教师。这是通过推荐免试攻读教育硕士、"特岗计划"等政策导向,鼓励和吸引优秀大学毕业生服务农村教育事业的重要途径,也是创新教师培养模式、造就大批高层次高素质骨干教师的重要举措。截至2009年,全国共有4 400多名"硕师计划"研究生赴国家级和省级扶贫开发工作重点县的农村中学任教。[①]

"硕师计划"的实施,为贫困地区学校输送了一批优秀本科毕业生,在一定程度上缓解了农村中学教师缺乏的问题。而通过政策引导吸引优秀高校毕业生到基层建功立业的这一举措,又拓宽了大学生就业渠道,同时创新了农村教师培养和补充机制,提高了农村教师学历层次。

"硕师计划"在实施中过程中也遇到了一些瓶颈,例如服务期短,不能真正解决农村学校的师资问题;"硕师计划"研究生没有正规的考试,自愿报名后进行推荐,报名条件要求不高,推荐程序不明确、不严格,质量不能确保;"硕师计划"的执行偏离现象以及经费和相关待遇难保障等。总之,"硕师计划"要分类实施,保障优秀本科生能够"进得去,留得住"。

为了提升农村教师的学力,我国进行了不同层面的改革与实践。从绩效工资的落实到"特岗计划"、"硕师计划"再到"国培计划"无不显示中国政府致力农村教师学力提升的信心与决心。提升农村教师学力的实践举措无论在理论上还是在实践上都具有重要的历史意义和现实意义。

[①] "为农村造就更多高素质骨干教师——教育部有关负责人就2010年农村学校教育硕士师资培养计划实施答记者问",http://www.gov,cn/gzdt/2009-10/17/con-tent_1442329.htm,2009.10.

第四章 教师学力新价值

均衡与优质是城乡教师学力发展的现实期盼与未来追求,没有城乡师资均衡就不会有教育公平的实现,没有教育公平就不会有处于弱势的农村教育的发展。当然,均衡是城乡教育公平的起点,更重要的是我们追求的不仅仅是简单意义上城乡师资的均衡,而是城乡师资的优质发展,实现在均衡前提下的优质和在优质基础上的均衡。

第一节 教师学力均衡发展是教育公平的支点

城乡师资均衡是教育公平的支点。特殊的历史与现实原因造成了城乡教育发展的二元差距,进而也表现为城乡教师学力间的差距。尤其是随着我国经济的快速发展,农村教师学力的现状满足不了农村孩子学习的客观需求,同时,复杂多变的农村教育也对农村教师提出了更富有挑战性的问题,要满足农村学生的需求,减少与城市教师的学力差距,就必然要加速农村教师的学力提升,从而在均衡发展的意义上使农村教师学力也得到应有的发展。

一、城乡师资均衡是教育起点公平的前提条件

《国家中长期教育改革与发展规划纲要(2010—2020年)》中明确规定义务教育均衡发展是当前教育的重要任务之一。从全国范围来看,区域教育均衡发展已成为各地义务教育重要的发展目标,师资是实现教育均衡的第一要素,实现城乡师资的合理调配无疑被寄予更多期望。师资配置的均衡固然十分重要,但从长远来看,把着力点放在农村教师的"自我造血"功能上,远比放在"输血"上会更好,也就是加速农村教师的自我发展才是根本。

城乡师资力量差距较大是当前义务教育阶段存在的客观现实,这显然从起点公平的角度来说,农村教育的师资问题属于"短板"现象。

教育起点的公平既可以从经济学视角来理解,也可以从伦理学和法学的角度来理解。立足于经济学视角的观点主要指一定范围的所有成员在任何竞争性或者排他性行为中的能力平等,就义务教育的学生而言,城乡教师学力的巨大差距相对而言剥夺了农村学生接受优质教育的平等性,农村学生的自身条件与环境与城市学生相比显然处于弱势地位,因为农村学校没有优秀的教师资源,所以城乡师资均衡在经济学的意义上保证不了教育的起点公平。

教育起点公平立足于伦理学和法学的视角,它味着任何自然的、经济的、社会的或文化方面的低下状况,都应尽可能从教育制度本身得到补偿,其关注点集中在给所有人公平的发展和竞争机会,改变处于不利地位的社会阶层的教育状况,以实现社会的公平。很明显以促进农村教师的学力发展来给农村学生提供公平的学习机会是任何社会都应该关注的基本问题,也是人人平等的权利保障。

与此同时,我们也不能秉持传统的狭隘的起点公平观,否则会误解了起点公平。如果仅仅认为起点公平是指在不同行为中使主体的起点条件平等,要求所有适龄儿童接受绝对平等的教育,追求的目标是教育结果上的完全平等,就忽视了我国的特殊国情以及教育现状,那么,这种追求教育公平时遗忘了"差别性原则"的平均主义显然不是我们需要的。

可见,没有城乡师资的均衡发展就不会有城乡学生公平竞争的平台,没有国家对农村教育的政策倾斜与补偿,就不会有农村教师学力的加快发展,这些都不存在的可能性就是教育公平的"悬置"。

二、城乡师资均衡是教育过程公平的基本保障

教育过程公平是指个体受到平等的教育过程,它是教育公平中的核心因素,是指学生个体在受教育过程中,在教育经费、教育内容、教师质量、学生受关注程度、公正评价等方面,不考虑非客观因素的影响,在公立学校内应接受平等的待遇,其目标(或评价标准)是让人人都受到"相当"(相称)的教育。应考虑采用以平等为基础的各种不同方式来对待每一个人,体现"因材施教",力求每个教育对象的当下潜力得以最大限度的挖掘,个性得以最佳程度的发展,"让每个孩子享受教育的幸福"。

我们知道,教育过程是教育者(教师)、教育影响(教育资源)和受教育者(学生)交互作用的复杂过程,这一过程公平的复杂性就可想而知了。作为影响过程公平的因素(教育资源),由于我国有限的教育资源不可能使所有地区的同类教育享受均等的投入,加之众多主客观因素的影响,地区之间、城乡之间教育资源分配的差距越来越大,但这种情况会在国家的高度重视之下得以缓解。而教师状况才是保障过程公平最根本的前提与保障。不管其他条件如何丰富多样,如果没有教师素养的提升,没有教师高度的公平意识与公平执行力,那么在具体的教育教学过程中就可能不会考虑到儿童身心发展规律,要想关注到每个学生的个体差异,做到教学公平和管理公平是非常困难的。

我们也应该知道,教育过程平等并非绝对意义上的平等,而是尊重教育历史差异、现实差异及自然差异前提下的一种教育目标。

教育过程公平的本质就是为学生提供相对平等的受教育的机会和条件。城乡师资不公平的现实条件明显制约着城乡学生受教育机会的公平。就目前的紧急任务而言,促进城乡师资均衡是保障教育过程公平的前提条件,是推进义务教育均衡发展的根本保障。

三、城乡师资均衡是教育结果公平的追求目标

教育结果公平,是指每个学生在接受义务教育之后都能达到一个最基本的标准,包括学业成绩上的实质性公平及教育质量公平、目标层面上的公平,是每个学生获得与其智力水平相符合的学识水平、能力发展水平、道德修养程度,使其个性与潜能得到充分发展,从而为获得更高学业上的成功或其他方面的发展提供一个平台。[①] 教育结果是否公平主要受到个人禀赋、各地区教育质量及个人机遇等因素的影响,但这些均为教育过程中的不可控因素,无法人为地使其达到绝对的平等。我国当前的教育公平政策,主要强调的是教育起点和教育过程的公平,对教育结果公平的重视还不够。

相对机会和起点而言,结果则有别于相对原则和操作性。尽管机会平等,但鉴于起点不同,能力发挥的状况差异,以及各种自然和社会条件不同,结果也会明显不同。在机会平等的情境下,结果在量上和质上也会表现出巨大差异。当然我们也不能机械地说结果的公平比机会的公平更合理。如果把结果的公平理解为结果的均等,就是平均主义。

---

① 辛涛.教育结果公平的测量及其对基础教育发展的启示[J].清华大学教育研究,2010(02).

教育结果公平的本质是指排除教育无法控制的变量后,由教育系统自身的变量对学习成绩所造成的影响是平等的,并不是指每个来自不同背景的学生在学业成绩上完全的平等,这样的平等才是真正意义上的教育结果的公平。教育结果公平作为一个量化的指标,不仅可以评价教育结果本身,还可以对教育起点、教育过程进行评价和衡量,作为一个结果指标检验教育起点和教育过程实施的效果。

就当前的研究而言,人们关注的教育结果公平更多意义上是从学生的角度来考虑的,而实际上,教育的本质目标除了是促进学生的发展之外,教师的发展也是必须考虑的。很显然,以往的研究没有关注教师的发展也应该作为教育结果公平的根本任务之一。如果我们意识到这一点的话,城乡的师资均衡应该成为教育结果公平的追求目标,这应该是教育公平研究的一个重要方向。

第二节 教师学力优质发展是教育质量的内核

一、优质师资的缺失是影响教育质量的深层原因

教育质量的评判标准立足于人才培养的质量,人才质量的高低决定了社会科技文化发展的进程,因而整个社会向前发展的速度与质量是由人的素质高低所决定的。我们的教育不是仅仅培养出"高分"的学生,而是培养出全面和谐发展的社会有用人才。

培养适应社会需要人才是教育根本任务,优质教师资源的总体缺失是制约教育发展的根本瓶颈。与西方发达国家相比,当前我国在师资培养、师资培训、教师学历、教学方法与技能上都存在着较大的差距。尤其是占人口绝大多数的农村,教师的整个教学境况仍然十分堪忧,他们不仅在思想上很难具有扎根农村的坚定信心,而且在教学综合能力上远远不能适应现代教育发展对人才培养的需求。

农村教师的"单向流动"致使农村教师的整体状况越来越不理想,从而进一步拉大了城乡教师的差距,留在农村是"没有办法的办法",哪怕有一线希望,绝大多数农村教师也想"飞离"农村。这一客观现实深深影响着教育质量的提升。

二、师资优质发展是教育质量提升的关键因素

教育质量提升的因素很多,不仅有外在的硬件因素,如校园的物质环境、教育设备,也有内在的软件因素,如校园文化、教师素质等,相对于前者而言,人的因素在推进教育发展的进程中起着更为重要的作用。纵观历史我们可以得到佐证,如抗日战争时

期的西南联大在极其艰苦的条件下,却培养出了两位诺贝尔奖获得者、78位中科院院士、12位中国工程院院士和一批著名的文学家、哲学家、社会科学家和政治家,深究其原因就是人的因素在起决定性的作用。

优质的师资不仅能够创造良好的校园文化,构建积极向上的学习氛围,而且能够主动克服困难,寻求方法弥补硬件环境的不足,从而建立民主平等自由的教育环境,形成积极的良性互动共赢文化。在这样的环境下,教育观念能够得到解放,教育方法能够得到革新,教育实践能得到创新,进而也能够提升教育质量。

相反,如果没有优秀的师资,就很难有教育教学观念的更新,也不会有教育教学方便的变革,当然,积极的学习动机的开拓就可能会成为空中楼阁。

三、城乡师资共同发展是中国教育的根本指向

城乡师资的共同发展是中国教育的必然选择。城乡二元对立的社会现实,深深制约着中国社会的现代化进程,现代化的必然选择是打破城乡二元对立的根本差异,城乡教育的二元对立是中国教育现代化的制约因素之一。农村教师的生活方式、教育教学方式显然带有浓厚的"农村"色彩,在某种程度上与现代化进程不相匹配,如教育观念落后,教学方法陈旧,教育思想不够稳定等。尽管我国城市教师的教育教学观念与行为在一定程度上比农村教师进步,但从我国教育状况的整体而言,整个教师队伍的质量还远远不能满足我国现代化进程的需要。因而,城乡师资的共同发展是迫在眉睫的重大历史任务。

我国城乡师资共同发展是历史的必然选择,具有当代可能性。首先,我国城乡一体化的社会发展背景为教育城乡一体化发展提供了前提条件,有了城乡教育一体化就有城乡师资共同发展的可能性。其次,《国家中长期教育发展与改革规划纲要(2010—2020年)》中,明确提出了城乡教师共同发展的要求,这给城乡教师的共同发展提供了制度保障。再次,国家每年教师培训经费的不断增加,为城乡教师共同发展提供了经济保障。最后,城乡教师的共同发展成了社会各阶层共同认可的教育发展的前提条件,这一文化基础已经形成。

当然,我们应该明确城乡教师的共同发展中需要注意与处理的几对关系。首先,共同发展不等于"削峰填谷",不是通过弱化城市教师发展来加强农村教师素质提升;再次,共同发展不等于"平均发展",不是城市教师和农村教师一样地平均发展,走"统一化模式"之路。所以,有个性、特色化的城乡教师的共同发展是中国教育的根本

指向。

第三节 教师学力优质均衡是义务教育的价值追求

一、义务教育师资优质均衡发展的内涵

义务教育师资优质均衡发展的内涵体现出三个方面的特征：均衡性、优质性和发展性。均衡性是义务教育发展的最根本，它要求在义务教育阶段，城乡教师资源的配置应该是均衡的，它是教育公平性的根本体现。优质性是义务教育发展的根本内核，没有优质的均衡是毫无意义的，只能是低水平的简单运作，所以优质是义务教育的永远追求，无论是城市还是农村，都应该设法促进教师的优质发展。发展性体现义务教育的动态性与前进行，优质与均衡不是静止的概念，而应该是在动态中发展，在发展中体现均衡，在均衡中体现优质。

二、义务教育师资优质均衡发展的价值

教师资源优质均衡配置，是实现义务教育优质均衡发展的核心。它首先确保人人都有受平等教育的权利和义务，提供了相对平等的接受教育的机会和条件，使教育成功机会和教育效果相对均等。它有利于缩小由于当前的城乡师资配置的不均衡导致的不同地区之间、城乡之间、学校之间，不同经济背景的家庭之间，具有不同学习潜质的学生之间所得到的教育资源以及所受到的教育对待的差异。教师优质资源的配置能够防止优质教师资源的无序流动，防止义务教育优质教师资源的过度集中。

教师区域之间、校际之间非均衡分布的主要原因大致有两方面：一是国家教育政策调整落后于社会的变革，加剧了教师资源的非均衡发展；二是教师个人专业发展的需求促进教师向专业发展水平高的学校集中。教师资源的优质均衡配置有利于国家教育政策的调整和教师工作的稳定性。

所以说，义务教育师资优质均衡发展是一种理想，是一种新的教育发展观，也是一种科学合理的政策导向；是基础教育的本质要求，也是社会主义教育事业的本质要求。

第五章　教师学力新差异

在义务教育均衡优质发展的时代要求下,教师学力构成了教师专业评价的新标准。基于差异的视角分析城乡教师学力现状是当前教育研究的弱点与盲区,这对丰富教师教育理论,提升城乡教师专业发展水平,缩小城乡教师学力差异具有重要的理论与现实意义。

第一节　教师学力调查方法

城乡教师学力调查的问题定位于城乡教师学力发展现状与差异现状,考察教师在学校生活中的社会交往、专业操练及学习发展三个方面的综合状况,研究立足义务教育均衡发展的区域视野,分析区域内城乡教师学力差异现状,探索促进城乡教师一体化发展的保障机制。

一、研究问题

研究问题指向教师学力概念的三层内涵,即作为反映现实与面向未来的"教师学力"是指学校情景下的教师适应学校生活、履行专业职责和实现个人可持续发展的现有水平与潜力的总称,具体分析交往合作中的生活生存力、课堂教学及班级管理中的教育教学力以及自我价值实现的学习发展力。

教师学力的社会性、专业性与发展性构成了研究问题的基点,进而再对问题进行细化与分解,研究假定交往合作作为教师社会性的主要代表指标,通过交往意愿、交往范围、交往方式、交往程度和交往效果来体现;课堂实践中的教育教学力充分体现了教师的专业性,通过教学的设计力、教学的操作力和班级管理力来体现;自我实现的学习发展力由学习意愿、学习机制及自我调节三个层面来体现。

研究的主要问题是：

1. 城乡教师学力的发展现状；
2. 城乡教师学力的差异现状；
3. 城乡教师学力的相关分析；
4. 城乡教师学力发展的困境与问题。

二、研究方法

研究的主要方法是通过问卷调查来透彻分析城乡教师学力的若干问题，从而通过个案调查的归纳方式，来发现教师学力中存在的规律，以期为城乡教师学力发展提供切实可靠的理论支撑。

（一）问卷设计

问卷是社会研究中用来收集资料的工具之一，本问卷中的问题包括行为、态度、回答者基本情况三个方面，主要采用封闭式问题。

在专家咨询与前期访谈的基础上，根据所研究的问题和理论假设确定需要测量的个人基本信息变量和问题内容变量。理论假设前提是通过问卷调查能够了解教师学力状况，即教师学力具有可测量性。

问卷中设计了学校类别、性别、学校层次、教龄、职称、第一学历、现在学历、所教学科以及教学水平等教师变量信息，目的是分析教师在城乡、重点与非重点校、性别之间，不同教龄、不同学科以及不同教学水平之间是否存在差异，以及分析教师学力状况与哪些因素相关等。

根据对教师学力内涵的解释，将研究问题内容信息分为三级指标（见表5-1），然后再根据三级指标设计相应的问题。

表5-1 教师学力调查问卷的三级指标

一级指标（Ⅰ）	二级指标（Ⅱ）	三级指标（Ⅲ）
教师学力	交往合作中的生活生存力	交往意愿
		交往范围
		交往方式
		交往程度
		交往效果

续 表

一级指标（Ⅰ）	二级指标（Ⅱ）	三级指标（Ⅲ）
教师学力	课堂实践中的教育教学力	教学设计
		教学操作
		班级管理
	自我实现中的学习发展力	发展意愿
		学习机制
		自我调节

该研究问卷采用了三点计分，根据每个三级标题的内涵再具体设计相关问题，然后根据回答问题的情况分别计为2、1、0。例如，在研究过程中我们将教学设计力又分为目的针对性、过程可操作性、结果反思性，分别针对这三项内容设计了如下具体问题：

13. 我能熟练地编写、清晰地阐述教学目标
    A. 完全符合　　　　B. 不完全符合　　　　C. 完全不符合
14. 我设计的学习资源内容丰富，表达形式科学合理，简单明了
    A. 完全符合　　　　B. 不完全符合　　　　C. 完全不符合
15. 我能根据教学需要设计讲授、示范等多种教学方法，课堂教学以学生为主体
    A. 完全符合　　　　B. 不完全符合　　　　C. 完全不符合
16. 我常对自己每一次的教学设计方案进行反思和修改
    A. 完全符合　　　　B. 不完全符合　　　　C. 完全不符合

（二）调查对象

在研究的抽样中，为了样本的代表性我们选取了同区域间的城市和农村，这样同一区域间的教育水平相对一致，更能够说明城乡教师学力发展的现状。由于我国的地区差异特别大，所以不同地区间的教育水平存在巨大差异，如果将不同地区的教育进行比较分析显然不能够反映城乡间的具体差异，有可能存在东部沿海的农村教师优越于西部欠发达的城市，这样的比较就会失去研究的意义。在研究中为了避免出现区域间的巨大差异，我们选择了区域中的县域学校教师作为样本对象。本研究发放问卷1 400份，回收有效问卷1 354份，有效问卷回收率为96.7%。

在整个样本中,甘肃、河南、四川分别选择413、640、301个教师样本,其中城乡分布为农村510个,城市776个;性别分布为男847个,女457个;样本的教龄分布、职称分布、学历分布等具体见表5-2。

表5-2 调查样本分布表

	地区			学校		性别		教龄			
	甘肃	河南	四川	农村	城市	男	女	1—3	4—8	9—15	>15
Frequency	413	640	301	510	776	847	457	126	133	425	568
Valid Percent	30.5	47.3	22.2	39.7	60.3	65	35	10.1	10.6	33.9	45.4
Missing System		0		68		50		102			
Total		1 354		1 286		1 304		1 252			

	职称			第一学历			当前学历			主教学科			
	初	中	高	专科	本科	研究生	专科	本科	研究生	语文	数学	英语	其他
Frequency	440	581	261	965	305	7	482	760	24	477	446	183	204
Valid Percent	33.4	45.3	20.4	75.6	23.9	0.5	38.1	60	1.9	36.4	34	14	15.6
Missing System	72			77			88			44			
Total	1 282			1 277			1 266			1 310			

三、研究过程

本研究采用目的抽样与整群抽样相结合的方式,根据研究需要首先确定区域样本,然后在区域样本中随机与整群抽样相结合,随机就是在选定的样本县中随机抽取县城学校与农村学校,然后以学校为单位进行整群抽样。

样本确定后采取邮寄问卷的方式进行调查,问卷收集后,统一讲解,让研究生进行数据录入,利用SPSS16.0进行数据的编码与统计分析。

具体说来,首先,根据问题对回答进行编码与赋值,然后运用描述性统计的方法得出平均数、标准差、方差等,在此基础上,运用百分比、中位数、众数等来反映教师学力的结构、比例、比较、强度、动态的相对指标。再次,利用方差分析,透析不同学校之间、学科之间、性别之间、城乡之间,以及不同的职称、职务与学历之间是否存在差异,在此基础上进一步揭示影响教师学力发展的深层原因。最后,再根据情况进行相关分析与回归分析,透析影响教师学力差异的原因,为进一步分析奠定基础。

第二节 教师学力差异现状

一、城乡教师学力发展现状
(一)教师的生活生存力现状
1. 交往意愿

调查发现,对问题"每到一个新学校,你对那里原来不认识的人",26.7%的人认为"很快记住他们的名字,并成为朋友",69.4%认为"尽管也想记住他们的姓名并成为朋友,但很难做到",只有4%的人选择"喜欢一个人消磨时光,不太想结交朋友,因此不注意他们的名字"。85.8%的人认为"朋友能使我生活愉快",8.7%的人认为交朋友是因为"能帮助我解决问题"。可见,在学校的交往中教师具有很强的交往意愿,充分认识到了交往能给自己的生活带来愉悦,绝大部分人不是为纯粹的"功利性"才进行交往的。

表 5-3 问题 1

选项		Frequency	Percent	Valid Percent	Cumulative Percent
Valid	C	51	3.8	4.0	4.0
	B	893	66.0	69.4	73.3
	A	343	25.3	26.7	100.0
	Total	1 287	95.1	100.0	
Missing System		67	4.9		
Total		1 354	100.0		

表 5-4 问题 2

		Frequency	Percent	Valid Percent	Cumulative Percent
Valid	C	117	8.6	8.7	8.7
	B	73	5.4	5.4	14.2
	A	1 151	85.0	85.8	100.0
	Total	1 341	99.0	100.0	
Missing System		13	1.0		
Total		1 354	100.0		

2. 交往范围

当问他们"学校里你有几个要好的朋友"时,58.6%选择了"有好多","很少"占

38.9%,"没有"朋友的占2.5%。可见,教师在学校中很少或没有朋友的占了41.4%的比例,也应该引起人们的重视。

表 5-5 问题 3

	Frequency	Percent	Valid Percent	Cumulative Percent
Valid　C	33	2.4	2.5	2.5
B	522	38.6	38.9	41.4
A	786	58.1	58.6	100.0
Total	1 341	99.0	100.0	
Missing System	13	1.0		
Total	1 354	100.0		

当问他们"除了年级组的同事外,很少跟其他同事沟通,你的情况是"时,14.8%的人选择"完全符合",45%的选择"部分符合","不符合"的占40.2%。

表 5-6 问题 4

	Frequency	Percent	Valid Percent	Cumulative Percent
Valid　A	198	14.6	14.8	14.8
B	602	44.5	45.0	59.8
C	538	39.7	40.2	100.0
Total	1 338	98.8	100.0	
Missing System	16	1.2		
Total	1 354	100.0		

3. 交往方式

当问他们问题 5"平时交往时,遇到与你兴趣爱好或观点不同的人,你会"时,58.3%的人会"觉得索然无味,找个借口离开",35.7%的人会"没有多大兴致,但会耐心应付",6%的人会"很有兴趣地与他各自诉说爱好或观点"。

表 5-7 问题 5

	Frequency	Percent	Valid Percent	Cumulative Percent
Valid　A	783	57.8	58.3	58.3
B	479	35.4	35.7	94.0
C	80	5.9	6.0	100.0
Total	1 342	99.1	100.0	
Missing System	12	.9		
Total	1 354	100.0		

当问他们问题 6"在我情绪不好、工作很忙的时候,同事请求我帮他(她),我会"时,82%的人选择"找个借口推辞",15.9%选择"表现不耐烦断然拒绝",2.1%选择"表示有兴趣,尽力而为"。

表 5-8 问题 6

		Frequency	Percent	Valid Percent	Cumulative Percent
Valid	A	1 106	81.7	82.0	82.0
	B	215	15.9	15.9	97.9
	C	28	2.1	2.1	100.0
	Total	1 349	99.6	100.0	
Missing System		5	.4		
Total		1 354	100.0		

当问他们问题 7"你和那些气质、性格、生活方式不同的人相处的时候总是"时,46.8%选择"适应比较慢",11.7%选择"几乎很难或不能适应",41.5%的选择"能很快适应"。

表 5-9 问题 7

		Frequency	Percent	Valid Percent	Cumulative Percent
Valid	A	631	46.6	46.8	46.8
	B	158	11.7	11.7	58.5
	C	559	41.3	41.5	100.0
	Total	1 348	99.6	100.0	
Missing System		6	.4		
Total		1 354	100.0		

当问他们问题 8"当你生活、工作遇到困难的时候你会"时,10.5%的"向来不求助于人,即使无能为力时也是如此",76.7%的"很少求助于人,只是确实无能为力时,才请朋友帮助",只有 12.8%的人选择"事无巨细,都喜欢向朋友求助"。

表 5-10 问题 8

		Frequency	Percent	Valid Percent	Cumulative Percent
Valid	A	141	10.4	10.5	10.5
	B	1 034	76.4	76.7	87.2
	C	173	12.8	12.8	100.0
	Total	1 348	99.6	100.0	
Missing System		6	.4		
Total		1 354	100.0		

4. 交往程度

当问他们问题9"你认为平时和同事的交谈的深度如何?"时,39.8%的人选择"鉴于工作压力,多是表面的应付",56.8%的人"交谈深度一般",只有3.4%"能够深入交流"。

表 5-11 问题 9

	Frequency	Percent	Valid Percent	Cumulative Percent
Valid A	534	39.4	39.8	39.8
B	763	56.4	56.8	96.6
C	46	3.4	3.4	100.0
Total	1 343	99.2	100.0	
Missing System	11	.8		
Total	1 354	100.0		

当问他们问题10"你和朋友交往时持续的时间"时,选择"很久,经常来往"的占5.5%,选择"有长有短"的占54.3%,"根据情况变化,不断弃旧更新"的占40.1%。

表 5-12 问题 10

	Frequency	Percent	Valid Percent	Cumulative Percent
Valid A	74	5.5	5.5	5.5
B	731	54.0	54.3	59.9
C	540	39.9	40.1	100.0
Total	1 345	99.3	100.0	
Missing System	9	.7		
Total	1 354	100.0		

5. 交往效果

当问他们问题11"在你生活中遇到困难或发生不幸的时候,你的朋友会"时,67.4%的认为"了解我情况的朋友,几乎都曾安慰、帮助我","只是那些知己的朋友来安慰、帮助我"占30.3%,"几乎没有朋友登门"占2.3%。

表 5-13 问题 11

	Frequency	Percent	Valid Percent	Cumulative Percent
Valid C	31	2.3	2.3	2.3
B	407	30.1	30.3	32.6
A	906	66.9	67.4	100.0
Total	1 344	99.3	100.0	
Missing System	10	.7		
Total	1 354	100.0		

当回答问题12"你觉得学校里的人际关系环境如何?"时,76.3%的教师选择"关系很好,大家能和睦相处",也有20.8%的选择"关系一般,勉强过去",选择"关系很差,勾心斗角普遍"的占2.9%。

表 5 - 14 问题 12

		Frequency	Percent	Valid Percent	Cumulative Percent
Valid	C	39	2.9	2.9	2.9
	B	281	20.8	20.8	23.7
	A	1 028	75.9	76.3	100.0
	Total	1 348	99.6	100.0	
Missing System		6	.4		
Total		1 354	100.0		

(二) 教师的教育教学力

1. 教学设计力

当回答问题13"我能熟练地编写、清晰地阐述教学目标"时,选择"完全符合"的占73.8%,"不完全符合"的占24.9%,"完全不符合"的占1.3%。

表 5 - 15 问题 13

		Frequency	Percent	Valid Percent	Cumulative Percent
Valid	C	17	1.3	1.3	1.3
	B	335	24.7	24.9	26.2
	A	994	73.4	73.8	100.0
	Total	1 346	99.4	100.0	
Missing System		8	.6		
Total		1 354	100.0		

当回答问题14"我设计的学习资源内容丰富,表达形式科学合理,简单明了"时,选择"完全符合"的占64.1%,"不完全符合"的占33.8%,"完全不符合"的占2.2%。

表 5 - 16 问题 14

		Frequency	Percent	Valid Percent	Cumulative Percent
Valid	0	29	2.1	2.2	2.2
	1	452	33.4	33.8	35.9
	2	858	63.4	64.1	100.0
	Total	1 339	98.9	100.0	
Missing System		15	1.1		
Total		1 354	100.0		

当回答问题15"我能根据教学需要设计讲授、示范等多种教学方法,课堂教学以学生为主体"时,选择"完全符合"的占72.2%,"不完全符合"的占26.7%,"完全不符合"的占1.1%。

表 5-17 问题 15

		Frequency	Percent	Valid Percent	Cumulative Percent
Valid	C	15	1.1	1.1	1.1
	B	358	26.4	26.7	27.8
	A	968	71.5	72.2	100.0
	Total	1 341	99.0	100.0	
Missing System		13	1.0		
Total		1 354	100.0		

当回答问题16"我常对自己每一次的教学设计方案进行反思和修改"时,选择"完全符合"的占62.1%,"不完全符合"的占36.2%,"完全不符合"的占1.7%。

表 5-18 问题 16

		Frequency	Percent	Valid Percent	Cumulative Percent
Valid	C	23	1.7	1.7	1.7
	B	485	35.8	36.2	37.9
	A	832	61.4	62.1	100.0
	Total	1 340	99.0	100.0	
Missing System		14	1.0		
Total		1 354	100.0		

2. 教学操作力

当回答问题17"我授课时能够做到不紧张、条理清晰、手势、表情、姿态适度"时,选择"完全符合"的占74.9%,"不完全符合"的占23.4%,"完全不符合"的占1.7%。

表 5-19 问题 17

		Frequency	Percent	Valid Percent	Cumulative Percent
Valid	C	23	1.7	1.7	1.7
	B	313	23.1	23.4	25.1
	A	1 004	74.2	74.9	100.0
	Total	1 340	99.0	100.0	
Missing System		14	1.0		
Total		1 354	100.0		

当回答问题18"我能在课上根据学生学习情况适时给出学习方法指导"时,选择

"完全符合"的占 77.9%,"不完全符合"的占 20.8%,"完全不符合"的占 1.3%。

表 5-20 问题 18

		Frequency	Percent	Valid Percent	Cumulative Percent
Valid	C	17	1.3	1.3	1.3
	B	280	20.7	20.8	22.1
	A	1 048	77.4	77.9	100.0
	Total	1 345	99.3	100.0	
Missing System		9	.7		
Total		1 354	100.0		

当回答问题 19"我的学科专业知识丰富,能够解决学科教学中的知识性问题"时,选择"完全符合"的占 67.5%,"不完全符合"的占 31.2%,"完全不符合"的占 1.3%。

表 5-21 问题 19

		Frequency	Percent	Valid Percent	Cumulative Percent
Valid	C	18	1.3	1.3	1.3
	B	417	30.8	31.2	32.5
	A	903	66.7	67.5	100.0
	Total	1 338	98.8	100.0	
Missing System		16	1.2		
Total		1 354	100.0		

当回答问题 20"我能很好地设置课堂提问并能妥善处理课堂的师生交互"时,选择"完全符合"的占 70.1%,"不完全符合"的占 27.5%,"完全不符合"的占 2.4%。

表 5-22 问题 20

		Frequency	Percent	Valid Percent	Cumulative Percent
Valid	C	32	2.4	2.4	2.4
	B	369	27.3	27.5	29.9
	A	939	69.4	70.1	100.0
	Total	1 340	99.0	100.0	
Missing System		14	1.0		
Total		1 354	100.0		

3. 班级管理力

当回答问题 21"我的课堂是"时,10%的选择"学生很难管,我控制不住这些孩子",35%的认为"基本能控制住课堂","随时能控制课堂,应该说收放自如"的占 55%。

表 5-23　问题 21

	Frequency	Percent	Valid Percent	Cumulative Percent
Valid A	134	9.9	10.0	10.0
B	469	34.6	35.0	45.0
C	738	54.5	55.0	100.0
Total	1 341	99.0	100.0	
Missing System	13	1.0		
Total	1 354	100.0		

当回答问题 22"我能充分利用课堂的每一个时机教育孩子"时,选择"完全符合"的占 72%,"不完全符合"的占 25.7%,"完全不符合"的占 2.3%。

表 5-24　问题 22

	Frequency	Percent	Valid Percent	Cumulative Percent
Valid 0	31	2.3	2.3	2.3
1	345	25.5	25.7	28.0
2	968	71.5	72.0	100.0
Total	1 344	99.3	100.0	
Missing System	10	.7		
Total	1 354	100.0		

当回答问题 23"我想关心每一位孩子,但课堂上我很难能做到"时,选择"完全符合"的占 34.3%,"不完全符合"的占 51.3%,"完全不符合"的占 14.4%。

表 5-25　问题 23

	Frequency	Percent	Valid Percent	Cumulative Percent
Valid A	459	33.9	34.3	34.3
B	687	50.7	51.3	85.6
C	193	14.3	14.4	100.0
Total	1 339	98.9	100.0	
Missing System	15	1.1		
Total	1 354	100.0		

(三) 教师的学习发展力

1. 发展愿景

当回答问题 24"我对自己的将来有很好的规划并逐步实施"时,选择"完全符合"的占 49.3%,"不完全符合"的占 48.4%,"完全不符合"的占 2.2%。

表 5-26 问题 24

	Frequency	Percent	Valid Percent	Cumulative Percent
Valid C	30	2.2	2.2	2.2
B	652	48.2	48.4	50.7
A	664	49.0	49.3	100.0
Total	1 346	99.4	100.0	
Missing System	8	.6		
Total	1 354	100.0		

当回答问题 25"整天忙于各种任务,没时间考虑将来会怎么样"时,选择"完全符合"的占 29.5%,"不完全符合"的占 55.3%,"完全不符合"的占 15.2%。

表 5-27 问题 25

	Frequency	Percent	Valid Percent	Cumulative Percent
Valid A	397	29.3	29.5	29.5
B	743	54.9	55.3	84.8
C	204	15.1	15.2	100.0
Total	1 344	99.3	100.0	
Missing System	10	.7		
Total	1 354	100.0		

当回答问题 26"我会不断反思、调整自己的发展目标"时,选择"完全符合"的占 62.2%,"不完全符合"的占 35.5%,"完全不符合"的占 2.2%。

表 5-28 问题 26

	Frequency	Percent	Valid Percent	Cumulative Percent
Valid C	30	2.2	2.2	2.2
B	476	35.2	35.5	37.8
A	834	61.6	62.2	100.0
Total	1 340	99.0	100.0	
Missing System	14	1.0		
Total	1 354	100.0		

2. 学习机制

当回答问题 27"工作压力很大,我几乎没有学习的时间"时,选择"完全符合"的占 26.5%,"不完全符合"的占 59.4%,"完全不符合"的占 14.1%。

表 5-29　问题 27

	Frequency	Percent	Valid Percent	Cumulative Percent
Valid　0	357	26.4	26.5	26.5
1	799	59.0	59.4	85.9
2	190	14.0	14.1	100.0
Total	1 346	99.4	100.0	
Missing System	8	.6		
Total	1 354	100.0		

当回答问题 28"我能利用一切机会进行学习"时,选择"完全符合"的占 52.0%,"不完全符合"的占 46.2%,"完全不符合"的占 1.8%。

表 5-30　问题 28

	Frequency	Percent	Valid Percent	Cumulative Percent
Valid　0	24	1.8	1.8	1.8
1	618	45.6	46.2	48.0
2	696	51.4	52.0	100.0
Total	1 338	98.8	100.0	
Missing System	16	1.2		
Total	1 354	100.0		

当回答问题 29"我有自己的一套学习方法,感觉很有效"时,选择"完全符合"的占 57.2%,"不完全符合"的占 41.0%,"完全不符合"的占 1.9%。

表 5-31　问题 29

	Frequency	Percent	Valid Percent	Cumulative Percent
Valid　0	25	1.8	1.9	1.9
1	549	40.5	41.0	42.8
2	766	56.6	57.2	100.0
Total	1 340	99.0	100.0	
Missing System	14	1.0		
Total	1 354	100.0		

当回答问题 30"我至今没有体会到学习的乐趣,总感到是一种负担"时,选择"完全符合"的占 16.5%,"不完全符合"的占 51.1%,"完全不符合"的占 32.4%。

表 5-32 问题 30

		Frequency	Percent	Valid Percent	Cumulative Percent
Valid	0	221	16.3	16.5	16.5
	1	685	50.6	51.1	67.6
	2	435	32.1	32.4	100.0
	Total	1 341	99.0	100.0	
Missing System		13	1.0		
Total		1 354	100.0		

3. 自我调节

当回答问题 31"我能够很好地调控与约束自己,体会到了实现自己目标的快乐"时,选择"完全符合"的占 58.2%,"不完全符合"的占 39.1%,"完全不符合"的占 2.7%。

表 5-33 问题 31

		Frequency	Percent	Valid Percent	Cumulative Percent
Valid	A	780	57.6	58.2	58.2
	B	525	38.8	39.1	97.3
	C	36	2.7	2.7	100.0
	Total	1 341	99.0	100.0	
Missing System		13	1.0		
Total		1 354	100.0		

当回答问题 32"计划赶不上变化,我应付日常事务就来不及"时,选择"完全符合"的占 19.5%,"不完全符合"的占 58.9%,"完全不符合"的占 21.6%。

表 5-34 问题 32

		Frequency	Percent	Valid Percent	Cumulative Percent
Valid	A	262	19.4	19.5	19.5
	B	792	58.5	58.9	78.4
	C	290	21.4	21.6	100.0
	Total	1 344	99.3	100.0	
Missing System		10	.7		
Total		1 354	100.0		

当回答问题 33"虽然制定了自己的发展规划,但实施起来真的很难"时,选择"完全符合"的占 11.1%,"不完全符合"的占 57.9%,"完全不符合"的占 31.1%。

表 5-35 问题 33

	Frequency	Percent	Valid Percent	Cumulative Percent
Valid C	416	30.7	31.1	31.1
B	775	57.2	57.9	88.9
A	148	10.9	11.1	100.0
Total	1 339	98.9	100.0	
Missing System	15	1.1		
Total	1 354	100.0		

二、城乡教师学力差异现状

(一) 城乡教师之间的生活生存力的差异现状

表 5-36 描述性统计结果

		N	Mean	Std. Deviation	Std. Error	95% Confidence Interval for Mean		Minimum	Maximum
						Lower Bound	Upper Bound		
交往意愿	城市	738	2.925 5	.743 04	.027 35	2.871 8	2.979 2	.00	4.00
	农村	477	3.102 7	.769 65	.035 24	3.033 5	3.172 0	.00	4.00
	Total	1 215	2.995 1	.758 24	.021 75	2.952 4	3.037 7	.00	4.00
交往范围	城市	760	2.197 4	.790 59	.028 68	2.141 1	2.253 7	.00	4.00
	农村	502	2.454 2	.782 09	.034 91	2.385 6	2.522 8	.00	4.00
	Total	1 262	2.299 5	.796 89	.022 43	2.255 5	2.343 5	.00	4.00
交往方式	城市	767	2.620 6	1.193 21	.043 08	2.536 0	2.705 2	.00	6.00
	农村	504	2.678 6	1.331 62	.059 32	2.562 0	2.795 1	.00	7.00
	Total	1 271	2.643 6	1.249 74	.035 05	2.574 8	2.712 4	.00	7.00
交往程度	城市	765	1.973 9	.623 99	.022 56	1.929 6	2.018 1	.00	4.00
	农村	506	1.996 0	.683 60	.030 39	1.936 3	2.055 8	.00	4.00
	Total	1 271	1.982 7	.648 21	.018 18	1.947 0	2.018 4	.00	4.00
交往效果	城市	767	3.443 3	.807 34	.029 15	3.386 1	3.500 5	.00	4.00
	农村	510	3.264 7	.916 20	.040 57	3.185 0	3.344 4	.00	4.00
	Total	1 277	3.372 0	.856 62	.023 97	3.324 9	3.419 0	.00	4.00
生活生存力	城市	708	13.173 7	1.742 08	.065 47	13.045 2	13.302 3	7.00	18.00
	农村	461	13.546 6	2.015 29	.093 86	13.362 2	13.731 1	4.00	18.00
	Total	1 169	13.320 8	1.862 73	.054 48	13.213 9	13.427 7	4.00	18.00

表 5-37 方差分析结果

		Sum of Squares	df	Mean Square	F	Sig.
交往意愿	Between Groups	9.103	1	9.103	16.029	.000
	Within Groups	688.868	1 213	.568		
	Total	697.970	1 214			
交往范围	Between Groups	19.939	1	19.939	32.174	.000
	Within Groups	780.841	1 260	.620		
	Total	800.780	1 261			
交往方式	Between Groups	1.022	1	1.022	.654	.419
	Within Groups	1 982.523	1 269	1.562		
	Total	1 983.545	1 270			
交往程度	Between Groups	.150	1	.150	.357	.550
	Within Groups	533.469	1 269	.420		
	Total	533.619	1 270			
交往效果	Between Groups	9.769	1	9.769	13.443	.000
	Within Groups	926.548	1 275	.727		
	Total	936.316	1 276			
生活生存力	Between Groups	38.826	1	38.826	11.288	.001
	Within Groups	4 013.879	1 167	3.439		
	Total	4 052.705	1 168			

调查发现:城乡教师之间的生活生存力之间存在显著差异($p<0.01$),而且农村教师生活生存力显著高于城市教师(农村教师 m=13.546 6,sd=2.015 29;城市教师 m=13.173 7,sd=1.742 08)。在交往意愿、交往范围上,农村教师显著高于城市教师(农村教师交往意愿 m=3.102 7,sd=0.769 65;城市教师 m=2.925 5,sd=0.743 04;农村教师交往范围 m=2.454 2,sd=0.782 09;城市教师 m=2.197 4,sd=0.790 59;$p<0.01$);但在交往效果上,城市教师显著高于农村教师(农村教师 m=3.264 7,sd=.916 20;城市教师 m=3.443 3,sd=.807 34;$p<0.01$);而城乡教师之间的交往方式和交往程度上不存在差异。

(二) 城乡教师之间的教育教学力的差异现状

调查发现:城市教师的教育教学力显著高于农村教师(城市教师 m=17.818 6,sd=3.436 96;农村教师 m=16.952 4,sd=3.419 47;$p<0.01$),在教学设计、教学操作以及班级管理上,城市教师均高于农村教师(城市教师教学设计 m=6.779 4,sd

=1.50579;农村教师 m=6.4980,sd=1.51485;$p<0.05$;城市教师教学操作 m=6.9111,sd=1.45998;农村教师教学操作 m=6.7154,sd=1.53774;$p<0.05$;城市教师班级管理 m=4.1091,sd=1.27834;农村教师 m=3.7426,sd=1.15567;$p<0.01$)。

表 5-38 描述性统计结果

		N	Mean	Std. Deviation	Std. Error	95% Confidence Interval for Mean		Minimum	Maximum
						Lower Bound	Upper Bound		
教学设计	城市	757	6.7794	1.50579	.05473	6.6720	6.8868	.00	8.00
	农村	498	6.4980	1.51485	.06788	6.3646	6.6314	.00	8.00
	Total	1 255	6.6677	1.51506	.04277	6.5838	6.7516	.00	8.00
教学操作	城市	754	6.9111	1.45998	.05317	6.8068	7.0155	.00	8.00
	农村	499	6.7154	1.53774	.06884	6.5802	6.8507	.00	8.00
	Total	1 253	6.8332	1.49390	.04220	6.7504	6.9160	.00	8.00
班级管理	城市	761	4.1091	1.27834	.04634	4.0181	4.2000	.00	6.00
	农村	501	3.7425	1.15567	.05163	3.6411	3.8440	.00	6.00
	Total	1 262	3.9635	1.24364	.03501	3.8949	4.0322	.00	6.00
教育教学力	城市	733	17.8186	3.43696	.12695	17.5693	18.0678	3.00	22.00
	农村	483	16.9524	3.41947	.15559	16.6467	17.2581	3.00	22.00
	Total	1 216	17.4745	3.45473	.09907	17.2801	17.6689	3.00	22.00

表 5-39 方差分析结果

		Sum of Squares	df	Mean Square	F	Sig.
教学设计力	Between Groups	23.787	1	23.787	10.441	.001
	Within Groups	2 854.657	1 253	2.278		
	Total	2 878.443	1 254			
教学操作力	Between Groups	11.501	1	11.501	5.171	.023
	Within Groups	2 782.638	1 251	2.224		
	Total	2 794.139	1 252			
班级管理力	Between Groups	40.591	1	40.591	26.781	.000
	Within Groups	1 909.732	1 260	1.516		
	Total	1 950.323	1 261			
教育教学力	Between Groups	218.437	1	218.437	18.567	.000
	Within Groups	14 282.772	1 214	11.765		
	Total	14 501.210	1 215			

(三) 城乡教师之间的学习发展力的差异现状

调查发现:城市教师的学习发展力显著高于农村教师(城市教师 m = 11.568 9, sd = 3.168 58;农村教师 m = 10.901 8, sd = 2.681 63;$p < 0.05$),在发展愿景、学习机制以及自我调节上,城市教师均高于农村教师(城市教师发展愿景 m = 4.032 9, sd = 1.302 92;农村教师 m = 3.813 5, sd = 1.169 92;$p < 0.01$;城市教师学习机制 m = 5.244 7, sd = 1.654 11;农村教师 m = 4.916 2, sd = 1.388 87;$p < 0.01$;城市教师自我调节 m = 2.280 8, sd = 1.119 59;农村教师 m = 2.132 0, sd = 1.108 62;$p < 0.05$)。

表 5-40 描述性统计结果

		N	Mean	Std. Deviation	Std. Error	95% Confidence Interval for Mean		Minimum	Maximum
						Lower Bound	Upper Bound		
发展愿景	城市	761	4.032 9	1.302 92	.047 23	3.940 1	4.125 6	.00	6.00
	农村	504	3.813 5	1.169 92	.052 11	3.711 1	3.915 9	.00	6.00
	Total	1 265	3.945 5	1.255 76	.035 31	3.876 2	4.014 7	.00	6.00
学习机制	城市	756	5.244 7	1.654 11	.060 16	5.126 6	5.362 8	1.00	8.00
	农村	501	4.916 2	1.388 87	.062 05	4.794 3	5.038 1	1.00	8.00
	Total	1 257	5.113 8	1.561 56	.044 04	5.027 4	5.200 2	1.00	8.00
自我调节	城市	762	2.280 8	1.119 59	.040 56	2.201 2	2.360 5	.00	5.00
	农村	500	2.132 0	1.108 62	.049 58	2.034 6	2.229 4	.00	6.00
	Total	1 262	2.221 9	1.117 19	.031 45	2.160 2	2.283 6	.00	6.00
学习发展力	城市	740	11.568 9	3.168 58	.116 48	11.340 2	11.797 6	4.00	18.00
	农村	489	10.901 8	2.681 63	.121 27	10.663 6	11.140 1	4.00	18.00
	Total	1 229	11.303 5	3.001 06	.085 60	11.135 6	11.471 4	4.00	18.00

表 5-41 方差分析结果

		Sum of Squares	df	Mean Square	F	Sig.
发展愿景	Between Groups	14.589	1	14.589	9.313	.002
	Within Groups	1 978.647	1 263	1.567		
	Total	1 993.236	1 264			
学习机制	Between Groups	32.524	1	32.524	13.470	.000
	Within Groups	3 030.208	1 255	2.415		
	Total	3 062.732	1 256			
自我调节	Between Groups	6.688	1	6.688	5.377	.021
	Within Groups	1 567.188	1 260	1.244		
	Total	1 573.876	1 261			

续 表

	Sum of Squares	df	Mean Square	F	Sig.
学习发展力 Between Groups	131.021	1	131.021	14.710	.000
Within Groups	10 928.773	1 227	8.907		
Total	11 059.795	1 228			

三、城乡教师学力相关分析

(一) 城乡教师学力与性别的相关分析

调查得知:教师的生活生存力、教育教学力和学习发展力同性别极其相关(生活生存力 r=−0.078,p=0.007<0.01;教育教学力 r=−0.075,p=0.009<0.01;学习发展力 r=−0.088,p=0.002<0.01),很明显女教师在三个方面均高于男教师(生活生存力男 m=13.149 0,sd=1.794 74;女 m=13.445 3,sd=1.818 96;p<0.01;教育教学力男 m=17.142 2,sd=3.460 16;女 m=17.678 7,sd=3.387 14;p<0.01;学习发展力男 m=10.928 7,sd=2.910 65;女 m=11.482 1,sd=3.049 51;p<0.01)。

表 5-42 相关分析结果

	性别	教龄	职务	职称	第一学历	现在学历	主教学科	教学水平
生活生存力 Pearson Correlation	−.078**	−.030	.003	−.003	.040	−.051	.001	.020
Sig. (2-tailed)	.007	.309	.911	.912	.171	.080	.959	.490
N	1 184	1 142	1 050	1 166	1 165	1 157	1 189	1 170
教育教学力 Pearson Correlation	−.075**	.052	−.046	.077**	−.068*	−.118**	.024	.265**
Sig. (2-tailed)	.009	.074	.127	.007	.018	.000	.402	.000
N	1 232	1 184	1 086	1 212	1 208	1 196	1 238	1 215
学习发展力 Pearson Correlation	−.088**	−.109**	.020	.025	.018	−.034	.022	.111**
Sig. (2-tailed)	.002	.000	.516	.384	.529	.237	.439	.000
N	1 244	1 196	1 100	1 224	1 222	1 211	1 252	1 228

*: Correlation is significant at the 0.05 level (2-tailed).

**: Correlation is significant at the 0.01 level (2-tailed).

表 5-43 描述性统计结果

		N	Mean	Std. Deviation	Std. Error	95% Confidence Interval for Mean		Minimum	Maximum
						Lower Bound	Upper Bound		
生活生存力	女	768	13.445 3	1.818 96	.065 64	13.316 5	13.574 2	6.00	18.00
	男	416	13.149 0	1.794 74	.087 99	12.976 1	13.322 0	7.00	17.00
	Total	1 184	13.341 2	1.815 25	.052 75	13.237 7	13.444 7	6.00	18.00
教育教学力	女	803	17.678 7	3.387 14	.119 53	17.444 1	17.913 3	4.00	22.00
	男	429	17.142 2	3.460 16	.167 06	16.813 8	17.470 5	3.00	22.00
	Total	1 232	17.491 9	3.420 91	.097 46	17.300 7	17.683 1	3.00	22.00
学习发展力	女	809	11.482 1	3.049 51	.107 21	11.271 6	11.692 5	4.00	18.00
	男	435	10.928 7	2.910 65	.139 55	10.654 4	11.203 0	4.00	18.00
	Total	1 244	11.288 6	3.012 10	.085 40	11.121 0	11.456 1	4.00	18.00

(二) 城乡教师与教龄间的相关分析

调查发现:城乡教师的学习发展力同教龄存在显著相关(学习发展力 r = -0.109,p=0.00<0.01)。总体上是随着教龄的增长学习发展力呈现波动的趋势,1—3 年教龄的教师学习发展力最高,15 年以上教龄教师的学习发展力最低,4—8 年教龄的教师明显出现学习发展的第二个低谷,进入 9—15 年之后,教师的学习发展力又有了显著的提升(见图 5-1)。

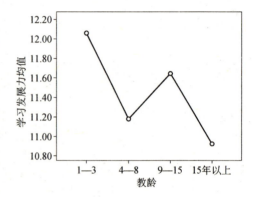

图 5-1 学习发展力教龄趋势

表 5-44 描述性统计结果

	N	Mean	Std. Deviation	Std. Error	95% Confidence Interval for Mean		Minimum	Maximum
					Upper Bound	Lower Bound		
1—3	120	12.058 3	2.670 40	.243 77	11.575 6	12.541 0	6.00	18.00
4—8	126	11.150 8	2.903 98	.258 71	10.638 8	11.662 8	6.00	18.00
9—15	408	11.632 4	3.132 16	.155 07	11.327 5	11.937 2	4.00	18.00
15 年以上	542	10.894 8	2.985 18	.128 22	10.643 0	11.146 7	4.00	18.00
Total	1 196	11.290 1	3.023 25	.087 42	11.118 6	11.461 6	4.00	18.00

(三) 城乡教师与职称之间的相关分析

调查发现:城乡教师的教育教学力与职称存在显著相关(教育教学力 r = 0.077,

p=0.007<0.01)。随着职称的升高教育教学力也在显著增加(初级 m=17.2530,中级 m=17.4406,高级 m=18.0331)(见图5-2)。

表5-45 描述性统计结果

	N	Mean	Std. Deviation	Std. Error	95% Confidence Interval for Mean		Minimum	Maximum
					Lower Bound	Upper Bound		
初级	423	17.2530	3.51568	.17094	16.9170	17.5890	4.00	22.00
中级	547	17.4406	3.49485	.14943	17.1471	17.7341	3.00	22.00
高级	242	18.0331	3.08640	.19840	17.6422	18.4239	8.00	22.00
Total	1 212	17.4934	3.43357	.09863	17.2999	17.6869	3.00	22.00

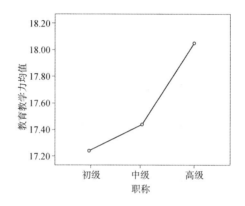

图5-2 教育教学力职称趋势

(四) 城乡教师与学历之间的相关分析

调查发现:城乡教师的教育教学力与教师的学历相关(第一学历教育教学力 r=-0.068,p=0.018<0.05;现在学历 r=-0.118,p=0.02<0.05),第一学历是专科及以下的教育教学力最高,其次是研究生学历的,本科学历的教育教学力最低。教师的教育教学力与现在学历成明显的负相关,学历越高教育教学力越低(见图5-3)。

表5-46 描述性统计结果

	N	Mean	Std. Deviation	Std. Error	95% Confidence Interval for Mean		Minimum	Maximum
					Lower Bound	Upper Bound		
专科及其以下	914	17.6685	3.35301	.11091	17.4508	17.8862	4.00	22.00
本科	287	17.0906	3.66978	.21662	16.6642	17.5170	3.00	22.00
研究生	7	17.5714	2.87849	1.08797	14.9093	20.2336	14.00	21.00
Total	1 208	17.5306	3.43466	.09882	17.3367	17.7245	3.00	22.00

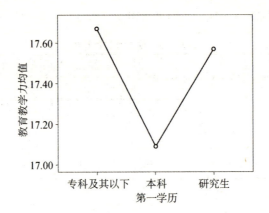

图 5-3 教育教学力学历趋势

表 5-47 描述性统计结果

	N	Mean	Std. Deviation	Std. Error	95% Confidence Interval for Mean		Minimum	Maximum
					Lower Bound	Upper Bound		
专科及其以下	450	17.900 0	3.350 53	.157 95	17.589 6	18.210 4	6.00	22.00
本科	722	17.288 1	3.323 12	.123 67	17.045 3	17.530 9	4.00	22.00
研究生	24	15.041 7	6.017 94	1.228 41	12.500 5	17.582 8	3.00	21.00
Total	1 196	17.473 2	3.433 06	.099 27	17.278 5	17.668 0	3.00	22.00

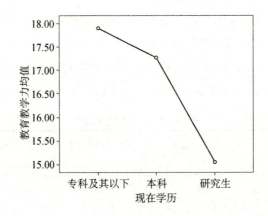

图 5-4 教育教学力学历趋势

(五) 城乡教师与教学水平之间的相关分析

表 5-48 描述性统计结果

		N	Mean	Std. Deviation	Std. Error	95% Confidence Interval for Mean		Minimum	Maximum
						Lower Bound	Upper Bound		
教育教学力	低	53	16.660 4	3.605 25	.495 22	15.666 6	17.654 1	9.00	22.00
	中	760	16.828 9	3.357 05	.121 77	16.589 9	17.068 0	4.00	22.00
	高	402	18.870 6	3.104 69	.154 85	18.566 2	19.175 1	3.00	22.00
	Total	1 215	17.497 1	3.423 65	.098 22	17.304 4	17.689 8	3.00	22.00
学习发展力	低	53	11.471 7	3.405 90	.467 84	10.532 9	12.410 5	4.00	18.00
	中	765	10.981 7	2.850 04	.103 04	10.779 4	11.184 0	4.00	18.00
	高	410	11.863 4	3.174 76	.156 79	11.555 2	12.171 6	4.00	18.00
	Total	1 228	11.297 2	3.013 22	.085 99	11.128 5	11.465 9	4.00	18.00

调查发现:教育教学力、学习发展力与教学水平呈显著相关(r=0.265,p=0.000<0.01;r=0.111,p=0.000<0.01),教学水平高的教育教学力就高,教学水平低的教育教学力就低(低、中、高教学水平的教育教学力的M值分别为:16.660 4,16.828 9,18.870 6);但教学水平中等的学习发展力则是最低,教学水平低的反而要高于教学水平中等的,教学水平最高的也是学习发展力最大的(低、中、高教学水平的学习发展力的M值分别为:11.471 7,10.981 7,11.863 4)。

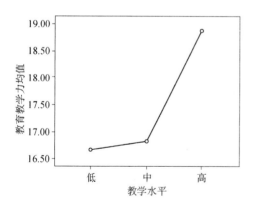

图 5-5 教育教学力教学水平趋势

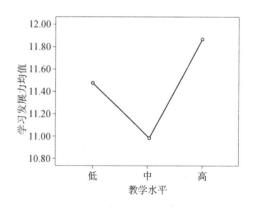

图 5-6 学习发展力教学水平趋势

第三节 教师学力发展困境

通过调查,我们发现城乡教师学力发展的困境与问题如下:

一、农村教师的教育教学力明显落后于城市教师

调查发现:城市教师的教育教学力显著高于农村教师。在教学设计的目的性、针对性,教学过程的可操作性以及教学结果的反思性上,城市教师明显高于农村教师。农村教师在教学目标编写的熟练度(城市教师与农村教师的平均数与标准差分别为:1.75,0.459;1.69,0.494;$p<0.05$)、学习资源选择的多样性(城市教师与农村教师的平均数与标准差分别为:1.65,0.506;1.57,0.561;$p<0.01$)以及在教学方案设计的反思与修改(城市教师与农村教师的平均数与标准差分别为:1.65,0.501;1.54,0.546;$p<0.01$)上远远低于城市教师。

表 5-49 描述性统计结果

		N	Mean	Std. Deviation	Std. Error	95% Confidence Interval for Mean		Minimum	Maximum
						Lower Bound	Upper Bound		
问题13	城市	816	1.75	.459	.016	1.72	1.78	0	2
	农村	522	1.69	.494	.022	1.65	1.73	0	2
	Total	1 338	1.73	.474	.013	1.70	1.75	0	2
问题14	城市	814	1.65	.506	.018	1.61	1.68	0	2
	农村	517	1.57	.561	.025	1.52	1.62	0	2
	Total	1 331	1.62	.529	.015	1.59	1.65	0	2
问题15	城市	814	1.73	.458	.016	1.70	1.76	0	2
	农村	519	1.68	.507	.022	1.64	1.72	0	2
	Total	1 333	1.71	.478	.013	1.68	1.74	0	2
问题16	城市	808	1.65	.501	.018	1.61	1.68	0	2
	农村	524	1.54	.546	.024	1.49	1.59	0	2
	Total	1 332	1.60	.522	.014	1.58	1.63	0	2

表 5-50 方差分析结果

		Sum of Squares	df	Mean Square	F	Sig.
问题13	Between Groups	1.042	1	1.042	4.657	.031
	Within Groups	298.842	1 336	.224		
	Total	299.883	1 337			

续 表

		Sum of Squares	df	Mean Square	F	Sig.
问题14	Between Groups Within Groups Total	1.866 370.483 372.349	1 1 329 1 330	1.866 .279	6.693	.010
问题15	Between Groups Within Groups Total	.779 303.446 304.225	1 1 331 1 332	.779 .228	3.417	.065
问题16	Between Groups Within Groups Total	3.569 358.926 362.495	1 1 330 1 331	3.569 .270	13.225	.000

根据学生学习情况适时给出学习方法指导以及解决学科教学中的知识性问题上，城市教师也显著高于农村教师（城市教师与农村教师的平均数与标准差分别为：1.79，0.435；1.73，0.477，p＜0.01；1.70，0.484；1.61，0.524，p＜0.01）。

表5-51 描述性统计结果

		N	Mean	Std. Deviation	Std. Error	95% Confidence Interval for Mean		Minimum	Maximum
						Lower Bound	Upper Bound		
问题18	城市 农村 Total	814 523 1 337	1.79 1.73 1.77	.435 .477 .453	.015 .021 .012	1.76 1.69 1.74	1.82 1.77 1.79	0 0 0	2 2 2
问题19	城市 农村 Total	811 519 1 330	1.70 1.61 1.66	.484 .524 .501	.017 .023 .014	1.66 1.56 1.63	1.73 1.65 1.69	0 0 0	2 2 2

表5-52 方差分析结果

		Sum of Squares	df	Mean Square	F	Sig.
问题18	Between Groups Within Groups Total	1.082 272.643 273.725	1 1 335 1 336	1.082 .204	5.299	.021
问题19	Between Groups Within Groups Total	2.659 331.408 334.067	1 1 328 1 329	2.659 .250	10.655	.001

在课堂管理及课堂上关心每位孩子方面，城市教师要高于农村教师（城市教师与

农村教师的平均数与标准差分别为:1.51,0.639;1.36,0.707,p<0.01;0.87,0.690;0.70,0.624,p<0.01)。

表 5-53 描述性统计结果

		N	Mean	Std. Deviation	Std. Error	95% Confidence Interval for Mean		Minimum	Maximum
						Lower Bound	Upper Bound		
问题21	城市	814	1.51	.639	.022	1.46	1.55	0	2
	农村	519	1.36	.707	.031	1.30	1.42	0	2
	Total	1 333	1.45	.670	.018	1.41	1.48	0	2
问题23	城市	812	.87	.690	.024	.82	.92	0	2
	农村	520	.70	.624	.027	.64	.75	0	2
	Total	1 332	.80	.670	.018	.77	.84	0	2

表 5-54 方差分析结果

		Sum of Squares	df	Mean Square	F	Sig.
问题21	Between Groups	7.218	1	7.218	16.270	.000
	Within Groups	590.512	1 331	.444		
	Total	597.730	1 332			
问题23	Between Groups	9.521	1	9.521	21.529	.000
	Within Groups	588.155	1 330	.442		
	Total	597.676	1 331			

二、农村教师的学习发展力明显落后于城市教师

调查发现:在发展愿景中,关于将来怎么发展、朝什么方向发展上,城市教师显著高于农村教师(城市教师与农村教师的平均数与标准差分别为:0.91,0.677;0.78,0.606;p<0.01)。

表 5-55 描述性统计结果

问题25	N	Mean	Std. Deviation	Std. Error	95% Confidence Interval for Mean		Minimum	Maximum
					Lower Bound	Upper Bound		
城市	815	.91	.677	.024	.86	.96	0	2
农村	521	.78	.606	.027	.72	.83	0	2
Total	1 336	.86	.653	.018	.82	.89	0	2

表 5-56 方差分析结果

问题 25					
	Sum of Squares	df	Mean Square	F	Sig.
Between Groups	5.687	1	5.687	13.452	.000
Within Groups	564.007	1 334	.423		
Total	569.694	1 335			

在学习机制中,"工作压力很大,我几乎没有学习的时间"以及"是否体会到学习的乐趣上"存在显著差异,城市教师($m = 0.94$, $sd = 0.626$; $m = 0.77$, $sd = 0.614$; $p < 0.01$)感觉到压力更大,几乎没有时间学习,比起农村教师($m = 1.19$, $sd = 0.696$; $m = 1.11$, $sd = 0.656$; $p < 0.05$),他们更少体会到学习的乐趣。

表 5-57 描述性统计结果

		N	Mean	Std. Deviation	Std. Error	95% Confidence Interval for Mean		Minimum	Maximum
						Lower Bound	Upper Bound		
问题 27	城市	814	.94	.626	.022	.90	.98	0	2
	农村	524	.77	.614	.027	.72	.83	0	2
	Total	1 338	.87	.627	.017	.84	.91	0	2
问题 30	城市	813	1.19	.696	.024	1.15	1.24	0	2
	农村	520	1.11	.656	.029	1.05	1.16	0	2
	Total	1 333	1.16	.682	.019	1.12	1.20	0	2

表 5-58 方差分析结果

		Sum of Squares	df	Mean Square	F	Sig.
问题 27	Between Groups	8.550	1	8.550	22.121	.000
	Within Groups	516.356	1 336	.386		
	Total	524.906	1 337			
问题 30	Between Groups	2.488	1	2.488	5.372	.021
	Within Groups	616.477	1 331	.463		
	Total	618.965	1 332			

在自我调节上,"计划赶不上变化,我应付日常事务就来不及"和"虽然制定了自己的发展规划,但实施起来真的很难"上城乡教师之间存在显著差异,城市教师($m = 1.01$, $sd = 0.6662$; $m = 0.93$, $sd = 0.603$; $p < 0.05$)更多地认为计划赶不上变化,

来不及应付日常事务，比农村教师更难实施自己制定的发展规划（m＝0.85，sd＝0.634；m＝0.73，sd＝0.584；p＜0.01）。

表5－59 描述性统计结果

		N	Mean	Std. Deviation	Std. Error	95% Confidence Interval for Mean		Minimum	Maximum
						Lower Bound	Upper Bound		
问题32	城市	813	1.01	.662	.023	.97	1.06	0	2
	农村	523	.93	.603	.026	.87	.98	0	2
	Total	1 336	.98	.641	.018	.94	1.01	0	2
问题33	城市	812	.85	.634	.022	.80	.89	0	2
	农村	519	.73	.584	.026	.68	.78	0	2
	Total	1 331	.80	.618	.017	.77	.83	0	2

表5－60 方差分析结果

		Sum of Squares	df	Mean Square	F	Sig.
问题32	Between Groups	2.402	1	2.402	5.868	.016
	Within Groups	545.969	1 334	.409		
	Total	548.371	1 335			
问题33	Between Groups	4.574	1	4.574	12.085	.001
	Within Groups	503.062	1 329	.379		
	Total	507.636	1 330			

三、城市教师的生活生存力显著低于农村教师

调查发现：农村教师的生活生存力显著高于城市教师。在交往意愿上农村教师会更主动积极（m＝1.19，sd＝0.475；m＝1.28，sd＝0.545；p＜0.01）沟通与交流；在交往范围上，农村教师也比城市教师更为广泛（m＝0.65，sd＝0.709；m＝0.90，sd＝0.649；p＜0.01）。

表5－61 描述性统计结果

问题1	N	Mean	Std. Deviation	Std. Error	95% Confidence Interval for Mean		Minimum	Maximum
					Lower Bound	Upper Bound		
城市	786	1.19	.475	.017	1.16	1.22	0	2
农村	493	1.28	.545	.025	1.24	1.33	0	2
Total	1 279	1.23	.505	.014	1.20	1.25	0	2

表 5-62　方差分析结果

问题 1					
	Sum of Squares	df	Mean Square	F	Sig.
Between Groups	2.628	1	2.628	10.370	.001
Within Groups	323.617	1 277	.253		
Total	326.246	1 278			

在交往方式上,农村教师遇到兴趣爱好或观点不同的人更会"很有兴趣地与他各自诉说爱好或观点"(m=0.42,sd=0.585;m=0.57,sd=0.633;p<0.01);在情绪不好、工作很忙的时候,农村教师也会更主动帮助同事的请求(m=0.18,sd=0.428;m=0.23,sd=0.482,p<0.05),但农村教师在和那些气质、性格、生活方式不同的人相处上不如城市教师(m=0.99,sd=0.949;m=0.88,sd=0.920;p<0.05)。

表 5-63　描述性统计结果

		N	Mean	Std. Deviation	Std. Error	95% Confidence Interval for Mean		Minimum	Maximum
						Lower Bound	Upper Bound		
问题 4	城市	813	.65	.709	.025	.60	.69	0	2
	农村	518	.90	.649	.029	.84	.95	0	2
	Total	1 331	.74	.697	.019	.71	.78	0	2
问题 5	城市	814	.42	.585	.021	.38	.46	0	2
	农村	520	.57	.633	.028	.51	.62	0	2
	Total	1 334	.48	.608	.017	.44	.51	0	2
问题 6	城市	817	.18	.428	.015	.15	.21	0	2
	农村	524	.23	.482	.021	.19	.27	0	2
	Total	1 341	.20	.451	.012	.18	.23	0	2
问题 7	城市	817	.99	.949	.033	.93	1.06	0	2
	农村	523	.88	.920	.040	.80	.96	0	2
	Total	1 340	.95	.939	.026	.90	1.00	0	2

表 5-64　方差分析结果

		Sum of Squares	df	Mean Square	F	Sig.
问题 4	Between Groups	20.081	1	20.081	42.663	.000
	Within Groups	625.555	1 329	.471		
	Total	645.636	1 330			

续 表

		Sum of Squares	df	Mean Square	F	Sig.
问题5	Between Groups Within Groups Total	6.987 485.793 492.780	1 1 332 1 333	6.987 .365	19.157	.000
问题6	Between Groups Within Groups Total	.813 271.422 272.234	1 1 339 1 340	.813 .203	4.008	.045
问题7	Between Groups Within Groups Total	3.992 1 176.351 1 180.343	1 1 338 1 339	3.992 .879	4.541	.033

在交往程度上,农村教师在平时更能和同事深入交谈(m＝0.61,sd＝0.548;m＝0.68,sd＝0.546;p＜0.05)。在交往效果上,当生活中遇到困难或发生不幸的时候,城市教师更多地认为朋友会来进行安慰(m＝1.68,sd＝0.512;m＝1.61,sd＝0.537;p＜0.05),他们会更多地认为"关系很好,大家能和睦相处"(m＝1.78,sd＝0.455;m＝1.66,sd＝0.565;p＜0.05)。

表5-65 描述性统计结果

		N	Mean	Std. Deviation	Std. Error	95% Confidence Interval for Mean		Minimum	Maximum
						Lower Bound	Upper Bound		
问题9	城市 农村 Total	814 521 1 335	.61 .68 .64	.548 .546 .548	.019 .024 .015	.57 .63 .61	.64 .73 .67	0 0 0	2 2 2
问题11	城市 农村 Total	812 524 1 336	1.68 1.61 1.65	.512 .537 .523	.018 .023 .014	1.65 1.56 1.62	1.72 1.65 1.68	0 0 0	2 2 2
问题12	城市 农村 Total	816 524 1 340	1.78 1.66 1.73	.455 .565 .504	.016 .025 .014	1.75 1.62 1.71	1.81 1.71 1.76	0 0 0	2 2 2

表 5-66　方差分析结果

		Sum of Squares	df	Mean Square	F	Sig.
问题 9	Between Groups	1.763	1	1.763	5.886	.015
	Within Groups	399.311	1 333	.300		
	Total	401.074	1 334			
问题 11	Between Groups	1.752	1	1.752	6.430	.011
	Within Groups	363.403	1 334	.272		
	Total	365.155	1 335			
问题 12	Between Groups	4.152	1	4.152	16.545	.000
	Within Groups	335.737	1 338	.251		
	Total	339.889	1 339			

四、不同教学年龄的学习发展力的"波动"十分明显

在发展愿景中,对"整天忙于各种任务没时间考虑将来会怎么样",不同教学年龄的"波动"十分明显,教龄越高,平均数越低,整个趋势是下降的。

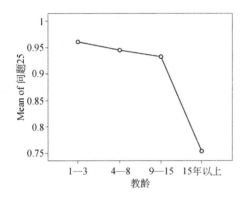

图 5-7　学习愿景的教龄趋势

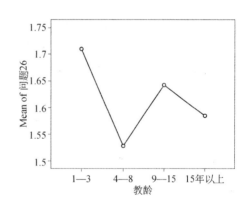

图 5-8　学习反思的教龄趋势

在不断反思、调整自己的发展目标上,1—3 年教龄的教师最高,4—8 年教龄的教师最低,9—15 年教龄的教师会稍微提高,到 15 年以上教龄的教师又开始呈下降趋势。

在学习机制上,认为工作压力最大的是 9—15 年教龄的教师,压力最小的则是 15 年教龄以上的教师,1—3 年教龄的教师压力明显高于 4—8 年的教师。在是否体会到学习的乐趣上,随着教学年龄的增长而下降,1—3 年教龄的教师最能体会到学习的乐

趣,15 年以上教龄的教师最少体会到学习的乐趣。

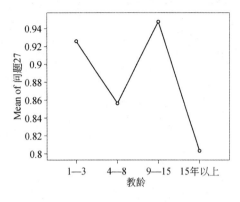

图 5-9　工作压力的教龄趋势　　　　　图 5-10　学习兴趣的教龄趋势

在自我调节上,9—15 年教龄的教师在"调控与约束自己,体会到了实现自己目标快乐"上得分最低,4—8 年教龄的教师认为最能够调控与约束自己,体会到实现目标的快乐。

在"计划赶不上变化,我应付日常事务就来不及"上,9—15 年教龄的教师得分最高,说明其具有较强的控制自己计划的能力,15 年教龄以上的教师得分最低,说明他们最符合"计划赶不上变化,我应付日常事务就来不及"的情况。

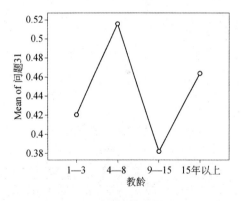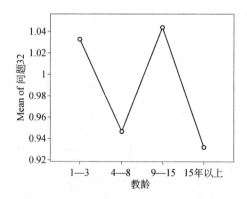

图 5-11　学习调控的教龄趋势　　　　　图 5-12　学习调控的教龄趋势

在"虽然制定了自己的发展规划,但实施起来真的很难"上,9—15 教龄的教师得分最高,15 年以上教龄的教师得分最低,说明 9—15 教龄的教师比 15 年以上教龄的教师会更加主动地制定自己的发展规划,克服实施中的困难。

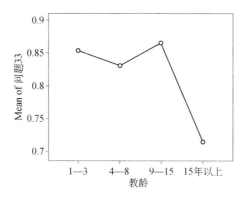

图 5-13 学习调控的教龄趋势

五、不同学历的教师学力都亟须提升

在教师的生活生存力的交往范围上,第一学历越低认为自己与别人沟通交流得越少(专科及以下、本科、研究生 m = 1.67,sd = 0.687;m = 1.94,sd = 0.695;m = 1.00,sd = 0.577;p < 0.01);现在学历则恰恰相反,学历越低认为自己的好朋友越多,学历越高认为自己朋友越少(专科及以下、本科、研究生 m = 1.59,sd = 0.534;m = 1.55,sd = 0.539;m = 1.29,sd = 0.806;p < 0.05)。

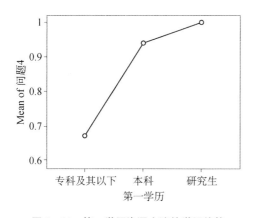

图 5-14 第一学历沟通交流的学历趋势　　图 5-15 现在学历沟通交流的学历趋势

在教育教学力上,第一学历是本科的教师在课堂管理上得分最低(专科及以下、本科、研究生 m = 1.50,sd = 0.646;m = 1.33,sd = 0.698;m = 1.43,sd = 0.787;p < 0.01),说明他们在课堂控制能力上最差;专科及以下的教师得分最高,说明他们在课堂控制上能力最强。而根据现在学历来看,专科及以下的教师得分最高,研究生学

历的得分最低(专科及以下、本科、研究生 m = 1.56, sd = 0.600; m = 1.40, sd = 0.692; m = 1.12, sd = 0.797; p < 0.01),整个趋势是下降的。

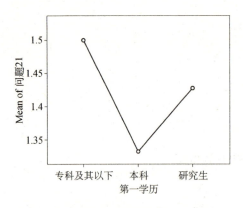

图 5-16　第一学历课堂管理的学历趋势

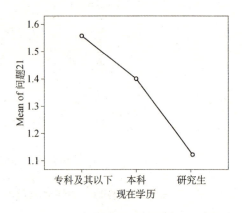

图 5-17　现在学历课堂管理的学历趋势

在利用每一个时机教育孩子上,现在学历是专科及以下的与现在学历是本科的没有差别,而现在学历是研究生的,在这方面明显低于前者(专科及以下、本科、研究生 m = 1.71, sd = 0.503; m = 1.71, sd = 0.488; m = 1.33, sd = 0.868; p < 0.01)。

调查结果证实,城乡教师之间的教师学力差异十分明显,困境与问题也十分突出,在教育公平和教育均衡发展的背景下

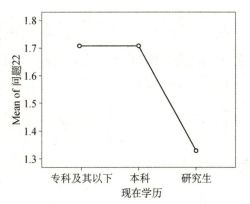

图 5-18　教育时机的学历趋势

要解决这一问题,必然要深刻分析影响其形成的深层制度与文化原因。

第六章　教师学力新归因

城乡教师学力差异与差距的客观现实在某种程度上阻碍了城乡教育现代化进程，为了进一步推进教育的优质均衡发展，这一客观存在必然要引起高度重视与警觉，否则，教育的现代化进程与社会的整体发展就会错位、脱节。要解决这一问题，首先要深刻透析城乡教师学力差异的影响因素。

第一节　教师学力差异的文化归因

中国城乡二元文化深深地影响与制约着教师的生存与发展，受这一文化浸染的城乡教师在自我身份认同与社会认同上出现了巨大的差距。农村教师流向城市的积极心态制约着农村教育的发展，使扎根农村的教师显示出了过多的无奈，"优者更优，弱者更弱"，因此造成了城乡教师间的鸿沟。

一、二元对立：城乡教师沉浸的文化窠臼

中国城乡二元文化具有深刻的历史根源，暗含其中的"尊"与"卑"、"上"与"下"、"优"与"劣"的文化观念无时不在影响着城乡教师的身心成长，这一无形的羁绊对农村教师造成了先天的伤害。

（一）二元对立的城乡文化

城乡二元结构文化是指在历史发展进程中形成的，渗透在人们的思维、行为、活动与实践中具有明显差别的城乡生活样式。二元结构文化是通过多种对立的方式表现出来的，形成了一种强烈的反差，而城市与乡村的差距是其集中体现。城市以工业为主，生产规模较大，技术比较先进，产品主要在市场出售，劳动生产率和工资收入均较

高;乡村则以农业为主,生产规模较小,工具简单,产品主要是自己消费,而不是在市场销售。① 在这二元的生产方式与生活方式的基础上,形成了城乡之间的新旧价值观差异、现代文明与传统风俗习惯之间的差异、民主与法制化进程上的差异等等。

城乡二元文化从学理上不应该有文明与落后、优与劣的差异,仅仅代表两种不同的生活样式,它是特殊的人群在特殊区域地理环境下经过长期的积淀而固定下来的生产方式与生活方式。两种不同的文明形态评价主体的价值观念决定了评价结果的走向,无可比较价值指向。但现实的客观情况是人为地界定两种文化,尤其是在"现代"工业文明的意义上来思考问题的方式,显得农业文明不那么"现代"。从终极的意义上来讲,应该从人最终的幸福生活来看待两种不同的文化范式。

生活于二元文化中的城乡教师,当然也很难跳出这一文化范式,教师的日常行为无时不显示出其烙印。

(二) 二元对立的城乡文化的历史与现实

二元对立的城乡文化具有深刻的历史原因,在人类发展的历史上自从有了城市与乡村的生活形态,便有了两种不同的文化模式。文化就是人化,文化作为人类生活方式的体现,帮助人们应对生活环境的变迁,为生活提供准则和价值观,赋予生活以意义,维系族群成员的共同相处,型塑族群成员的行为模式和心态。② 我国的城乡二元结构文化是在特定的历史条件下形成的。

我国两千多年的封建社会制度为城乡二元文化的形成奠定了历史根基。我国经历了两千多年漫长的封建主义和小农经济社会,农村土地制度极不合理,占农村人口90%的农民过着面朝黄土背朝天的艰苦生活,生活在城市中的达官贵人们则过着歌舞升平、荣华富贵、花天酒地的生活,两种文化截然不同,且两种生活带有明显的不平等性与压迫性。

在近代,城市因其较早接触商品经济和西方社会而形成了崇理性、重革新的契约文化。在乡村,农民以家族为基本的经济和文化单位,以传统伦理为维系生活的准则,形成了重人情、尚和谐、尊权威的人伦文化,城市文化和农村文化以其独有的特质共同构成中国文化的不同侧面,二者之间本无高低贵贱之分,城乡文化的交流与互动推动着中国文化的进步,构筑了中国文化的丰富内涵。

---

① 蓝建.城乡二元结构与发展中国家的教育[J].教育研究,2000(8):70—75.
② 魏峰.城乡教育一体化[J].复旦教育论坛,2010(5):20—24.

但是，新中国成立后以工业化为主导的发展战略，以户籍制度为核心的城乡分割的社会福利保障，以统购统销为核心的城乡分割的市场体系，以人民公社为核心的农村人口的区域固化制度，构成了中国计划经济时代二元社会中农村结构的基础，从而造成了城乡之间的巨大差异，构成了城乡之间的壁垒，阻碍了城乡文化的融合进程。

随着信息社会的到来和市场经济的迅速推进，城乡两种文化的碰撞更加频繁，鉴于城乡人力资源的差异，致使工农业生产间的"剪刀差"加剧，使农民的生活生产处于更加不利的地位。在新的历史条件下，城乡间的差距正逐步扩大。城乡二元的治理结构使农民在国家中处于弱势地位，塑造了农民作为弱势群体的心态。

因此，城乡二元化的制度安排强化了近代化以来的城乡文化差异，并将这种本无高低贵贱之分的城乡间文化差别人为地进行了等级嫁接形成了城乡文化二元对立的格局。

（三）二元对立的城乡文化的"弊"与"利"

城乡二元对立文化是特殊的历史环境造成的，在某种意义上，是"统治阶层"依靠他们手中的权力，以"剥夺"为手段所形成的强势"城市文化"与弱势"乡村文化"，在历史上无论是西方的"圈地运动"，还是东方的"土地分割"，都体现了统治阶层的根本利益，两种文化的形成是统治阶层治理社会的需要。

当然，城市为中心的统治阶层在促进城市快速发展的同时，创造了特有的城市文化，加速了人类文化的传承与创新。与此同时，也加剧了两种文化的深层矛盾，诸多的社会问题也随之产生。

中国二元结构矛盾使贫富差距扩大、地区发展不平衡、城市文化素质差距扩大等，城乡之间的二元化不仅阻碍了国家统一的市场经济体制的形成及社会经济的协调发展，也造成城乡之间、工农之间、贫富之间、干群之间及国家与人民之间的矛盾，构成当前我国社会经济和政治发展中的结构性障碍。

（四）二元文化融合的可能路径

从历史上看，各国在发展初期都经历了城乡关系失衡的非良性互动状态。发达国家较早的城市化进程削弱与缓解了城乡对立的矛盾，发展中国家的"城市偏向"与"乡村歧视"仍然十分突出。当今，随着人类文明程度的不断提升和世界社会发展水平的突飞猛进，平等、和谐的多元文化已成为世界的共识，世界各国都在尝试搭建城乡文化的良性互动平台，寻找城乡文化融合的可能路径。

在如何调和城乡二元文化的矛盾、构建城乡和谐文化的问题上，许多理论家都提出了富有见地的阐述。早在16世纪的空想社会主义者的乌托邦思想中就明确提出了城市与乡村协调发展的新模式。马克思主义的城乡关系理论认为城市的发展加剧了城乡之间的对立,未来社会不是固化城乡分离,而是通过大力发展生产力实现城乡融合。霍华德的田园城市理论更是强调了城市和农村的结合。芒福德的城乡发展观则认为城与乡不能截然分开,城与乡同等重要,城与乡应该有机结合等。这些理论从不同的方面论述了城乡融合的可能性。

在历史发展的长河中,无论是城市文化还是乡村文化,都是中国文化不可或缺的有机组成部分,是作为中国文化不同侧面的表现,仅仅是生活环境不同导致人们应对环境的方式不同而已。宽容、尊重、理解是每个现代人必须具备的精神品质,尤其是在城乡交流日益频繁的今天,两种文化模式的优势也相对突出,不同文化模式的持有者要相互学习,取长补短,摆脱对立思维,走向和平共融的多元文化。

二、身份的尊卑:城乡教师的认同文化差距

身份亦作身分,是一个常见词。《辞源》解释为:人在社会上的地位、资历等,是指被社会习俗、法律、教义、规章制度等社会规范明确认可的地位和资格,身份具有形式化的特点,并具有形式化的权利和待遇。根据不同的划分依据,身份可以分为先天身份与后天身份;平等身份与等级身份;有限身份、终身身份与世袭身份等。

(一)"城里人"与"乡下人":城乡教师的认同感

教师身份认同是指教师在一定社会环境及生存状态下,对其职业、工作环境和自身群体的认可和接受程度,它强调的是自我的心理和身体体验,也是指教师怎样认识和接受作为教育教学工作者的自己,它关注教师的期望和价值观。现代建构主义认为,"身份"是由社会建构的,是行为者通过其社会环境中不断和他身外的或者未曾预料到的经验相遇,并把某些经验选择为属于自身的东西。因此,身份是一个建构的过程,是在演变中持续和在持续中演变的过程。[①] 由此我们不难发现,身份是流动的,也是变化的;不是一个可以自我决定的概念,还需要对于身份本身的自我认同和他人认同。

城乡不同的生活境况与生活方式,影响了教师对其身份的自我认同和社会认同。城乡教师尽管在法律上具有平等的"教师"地位,但现实却造成了二者身份认同的巨大

---

① 钱超英.身份概念与身份意识[J].深圳大学学报(人文社会科学版),2000,(2):89—94.

差异。农村教师鉴于扎根农村的客观现实,农村的文化浸染是很难逃脱的,他们接触的教育对象、家长及整个社会氛围都离不开农村的习气。农村教师的"干部待遇"显然已被日常农村生活方式弱化。

如果静下心来,每位农村教师都会思考一个问题:"我究竟是农村人,还是乡下人?"这一问题背后隐含着深深的文化认同危机。跳出"农门"的农村教师,既没"离土",又没"离乡",教师固有的法律地位在现实操作中很难得到自我认可。我们知道,随着市场经济的飞速发展,多元文化逐渐形成,功利化的社会价值观与享乐主义的不利影响,制约教师和社会对"农村教师"的认识,如农村教师收入低下,师德下滑,专业精神缺乏等,都使"农村教师"的地位受到削弱。

教师是辛勤的"园丁",教师是燃烧自己照亮别人的"蜡烛",教师是人类灵魂的"工程师",教师是"太阳底下最光辉的职业"……这些形象话语带有更多社会对教师这种"身份"在心理上的道德诉求。

如今的教师更在意的不是抽象的自我体会,而是教师的当下生活状况与自我价值实现的环境条件。不管是"城里人"还是"乡下人",整个社会都应该认为城乡教师首先是"社会公民",然后才是"教师",他们本该有的法律身份地位应该得到切实的保障,这种保障不仅是在形式上的平等,更应是实际上平等。随着社会的不断发展,城乡教师的平等身份认可会得到不断加强。

(二)"名"与"实":城乡教师的"表"与"里"

城乡教师首先的定位是教师,然后根据服务区域的不同才分为城市教师与农村教师。在本体论的意义上,他们具有共同的教书育人的历史使命,一切在城乡教师之间都应该是平等的、公平的,然而,在现实中,城乡教师似乎有了等级之分。城市的文化霸权显然使农村教师处于弱势群体的地位,反映在教师的日常生活中就有了明显的"名"与"实"不符的客观现象。

"教师的平均工资水平应当不低于当地公务员的平均工资水平",显示出了国家对教育的重视,但这种思维方式,显然在无形当中把教师与公务员进行了比较。政策制定者的出发点更多站在公务员的角度,而不是教师的立场,蕴藏其中的逻辑就是"公务员似乎比教师的地位更高",这种官本位的思想,是制约我国教育发展的重要因素。即使这样,这种法律规定的待遇至今也尚未落实,如国务院2009年通过的《关于义务教育学校实施绩效工资的指导意见》、1993年出台的《中华人民共和国教师法》、2006年修订的《义务教育法》都要求确保义务教育教师平均工资水平不低于当地公务员。然而,拿什么确保?确保到何时?如果不能确保怎么办?这一连串的问题,如何回答?

从城乡教师的整体考虑,仅在基本待遇上就存在"名"与"实"严重不符的社会问题。如果将城乡教师分别比较,农村教师的情况会更加严重。城乡教师收入差距问题,是改革开放以来教师收入差距问题中最突出也是影响最大的一点,极大地阻碍着我国乡村教育的发展。事实上,城乡教师收入差距过大的根源不在于工资,工资水平只是构成今天城镇教师收入的一小部分,城镇教师收入的大部分来源于城镇学校丰厚资源优势、各种各样的福利待遇如课时补贴、住房补贴、相关奖励等,以及由其衍生的相关"额外"收入如补课费、资料费等等。

当然,城乡教师收入差距越来越大有一个历史演变的过程。新中国成立之初的计划经济年代,无论是农村的公办教师,还是城市的公办教师,级别相同,工资水平差别不大。改革开放以后,城市教师的工资有大幅度提高,城乡教师的工资差别慢慢出现了。到现在,这种差距越来越大。国家给出涨工资的政策,要求地方政府落实,地方财政的实力不同拉开了不同地方教师收入的差距。

在绩效工资的强势推进下,城乡教师工资有了明显的增长,由于政策的变化,从绝对意义上说农村教师的教师福利待遇的确是提高了,这是纵向比较的结果。但是,如果从横向而言,农村教师的收入与其他行业相比是否有提高,还与不同地区的经济发展水平相关。

工资待遇的高低只是一个相对的自我感知数,关键的是要让农村教师能够安心,乐意奉献于农村教育。为农村教师提供更多的发展平台,才是最理想的现实选择。

(三)"权"与"利":城乡教师的责任担当

作为"教师",应该具有法律规定的权利与义务,这体现了国家对教师的专业要求,同时也体现了城乡教师的责任担当。1993年颁布的《中华人民共和国教师法》明确指出"教师在教育教学活动中依法享有的权益,是国家对教师能够作出或不作出一定行为,以及要求他人相应作出或不作出一定行为的许可与保障。当教师的权利受到侵害时,有权诉诸法律,要求确认和保护其权利"。教师具有教育教学权、科学研究权、管理学生权、获取报酬待遇权、民主管理权和进修培训权。

面对当前的教育现实,"格式化"的教师生活,使城乡教师的倍感压力增大。首先在教育教学上,由于信息的不断更新与发展,教师驾驭问题的能力会明显减弱,要想教好学生,还真不是件容易的事。教师的教育教学压力一方面表现在教材内容的不断更新和学习资源的不断增加上,教师只有不断地学习才能跟得上学生需求的步伐,另一方面直接的压力就是学生知识面的不断拓展,学生思维非常活跃,教师最直接的压力就是来自学生的挑战。其次,在管理上更是如此。现在的学生一方面比较有个性,但也缺乏合作和集体意识,加上社会不良风气的影响,留守儿童和单亲家庭子女的增多,教师在沟通与交流上也会出现极大的问题,教师的责任被无限放大。再次,片面追求升学率的现象依然十分严重,教师的日常工作除了考试之外,又被无数的条条框框所限制,教师的各种权利也仅仅停留在表面的意义上。最后,尽管国家再三强调教育的重要性,由于受大学生就业压力以及功利主义的影响,社会上竟然出现了新的"读书无用论"的倾向,社会"尊师重教"的传统在某种程度上有了下滑。

有网友对教师的当前困难进行了生动的描述:职称评定——教师的痛;事业前途——平淡中的无奈;业务培训——理想的肥皂泡;人事制度——凝固的心灵叹息;应试教育——夺命的机械游戏;地位不高——高帽子下的辛酸;工作繁重——不能说出的辛苦;社会关系——善良者的烦恼①。可见,教师"活着太累,工资月光"②的现象不是个别。

城乡教师在权利之间还是存在一定的差距的,如城市教师比农村教师的教育学习机会更多,城市教师的教育教学会得到家长的理解与认可,农村孩子的学习好坏似乎都是教师的责任;城市教师比农村教师更有参与教学研究的机会,几乎许多农村学校根本没法进行教学研究与交流,甚至他们也被这个氛围所淹没,从而失去了教学研究的自觉性。尤其是获取报酬待遇权上,城乡教师的差距最大。例如在住房方面的权利,城市教师可以购买政府规定的各种政策房,而农村教师既没有购买政策房的权利,也没有农村自盖房的权利,从而被悬置起来了,这一现象在大部分地区普遍存在。

无论是城市教师还是农村教师,他们存在巨大的压力,他们应有的权利由于不同的原因受到不同程度的削弱,所以,只有真正归还教师权利,才能让教师静下心来从事教育事业,做好本职工作。

三、孔雀哪里飞:城乡教师的流动文化差距

在我国现有的国情下,城乡教师的单向流动致使农村教师的学力越来越低,加之

---

① 斯盛.教师八大伤心事——一位网名"激情岁月"的教师的诉说[J].校长阅刊,2006年07期.
② 《高三班主任自杀留遗书:活着太累工资月光》:2012年4月27日,河北馆陶县第一中学,未满30岁的高三年级班主任赵鹏服毒自杀。他留下遗书称,活着太累,每天无休止的上班让人窒息,工资只能月光,决定自杀离世。据悉,赵鹏3月份的工资为1 950元,包括1 450元基本工资和500元补助,而4月份没有补助,只有基本工资。

农村孩子的情形更加复杂,所以,农村教师管理学生的难度增加,更加强了农村教师摆脱农村的意愿。

(一) 农村教师无奈的"扎根"与"奉献"

农村教师"扎根"与"奉献"更多是"无奈"选择。经过调查得知,全心全意、心甘情愿在农村学校任教的不足20%,在农村愿意任教一辈子的不足5%,40岁以下的比例会更小。调研的时候,有位老师亲口说"我们不可能在农村一辈子吧"。当前,在农村学校,只要有一丝机会,农村教师就会调动。而且流动的主体以中青年教师和"双高"教师(高学历、高职称者)居多。流入教师以毕业生就业分配为主,或者是地方政策规定评职需求的城市教师,这些年轻教师或者有其他需求的教师,从意愿上是不愿到农村学校来的。农村教师主要从农村流向城市,从贫困地区流向富裕地区(刘平,2005;胡敬峰,2007;孙红梅,2009),从工作条件差、收入待遇低的学校流向工作条件好、生活待遇高的学校(汪丞,2005;邬跃、陈恒,2009)。这种不均衡和无序单向的农村教师社会流动造成了贫困农村学校师资缺乏与发达地区学校师资过剩共存的局面。

(二) 驱动农村教师流动的"无形魔力"

让农村教师不愿扎根农村教育的因素很多。首先表现城乡文化的认同上,在大多数人的心目中城市就是比农村有心理优越感,这种潜在的"歧视"心理有时候是其他方面无法弥补的,这些思想观念深深扎根在人们心中,成为不可跨越的障碍。

其次,农村学校条件较差,生活娱乐都不方便,甚至是吃饭、住宿的条件都很简陋,确实对年轻教师来说没有城市有吸引力。而且农村教师的工作繁重。由于农村学校的学科结构不合理,按师生比配备的要求来说,教师总数相对较为紧缺,一个教师任教三四门课是很平常的事,甚至低年级教师采用包班制,从早到晚就是一个人。加之寄宿学生的存在,任务更重。年轻人到农村后,面对这样的状况,很多人都不适应,和城市相对单一的教学任务比自然就产生了不平衡心理。

第三,社会不正之风加剧了农村教师的跟比心理。中国人的跟风现象较严重,看到别人走,自己也动心,如果不这样似乎显示出自己没有能力。于是在正常流动的过程中出现了诸多的腐败现象,从而更加重了走不了教师的无奈与不平心理。

对这种现象,教育行政部门应该进行正确的反思,决不能简单地进行管制与围堵,要更多地考虑教育的长远发展,着眼农村教师的切实利益,否则城乡教师的学力差距无法减小。

(三) 留守农村的"麻雀"教师何以变成"金凤凰"

如果说农村优秀教师被认为是"飞出去的金凤凰"的话,那么留守农村的教师,似乎就变成了无奈的"麻雀"。当然,我们不能对这些"金凤凰"说三道四,毕竟他们也是教师,也在积极地履行着教师的职责,只不过服务的地方有所不同。对这些积极向上、努力跳出"农门"的教师,应该给予鼓励与支持。与此同时,我们更应该关注那些无奈留在农村的教师。

中国城市化的进程尽管在飞速前进,但中国居住在乡村的人口仍占50.32%(2010年人口普查数据),虽然,农村学生的流动像教师流动一样,他们瞄准教育质量高的学校,农村的学生到县城,县城的学生到市区,小城市的到大城市,但留在农村学习的学生仍然占大多数,他们同样需要优质的教育。这就是留守农村教师的责任,也是国家的责任。

留守农村的教师必然要变成农村孩子心中的"金凤凰",没有农村教师的努力,就不会有农村孩子的未来,没有中国农村孩子的未来,中国的未来就可想而知,提升农村教师的学力是历史的责任。

中国的政治经济发展为农村教师的华丽转身提供了基础与前提,《国家中长期教育改革与发展规划纲要(2010—2020年)》的颁布,教师绩效工资的实施,国培计划的全面开展,都为"麻雀"变成"凤凰"奠定了可能性前提。当然,农村教师的暂时性薄弱会在农村教师环境的改善、福利待遇的落实、实质身份的平等中得以改善。

(四) 城市"金凤凰"能否"筑巢"农村

当前城市教师流向农村的唯一模式就是"城—乡—城"。这一模式的政策导向是引导城市和强校的教师到农村和边远地区的薄弱学校任教,城镇支援农村,近郊支援边远,强校支援弱校。据统计,目前全国已有近20个地(市)政府部门出台了城市教师支援农村学校的规章制度,但大多属于宣传倡导和试验性质,还不是稳定的制度。这种政治导向下的模式功利色彩十分明显,大多数实施的省区将教师支援农村与评职晋级挂钩。

这种短期的支教方式(包括大学生的顶岗实习支教),虽然在一定程度上,缓解了农村教育的困境,但从长远而言,对农村教育没有实质性的影响。城市优秀教师的资源辐射力度还远远不够,在宏观上还没有对农村教育的整个文化环境进行渗透。城市优质学校、大量优质教育资源的聚集,与农村优质资源的奇缺形成了鲜明的对比,这为政策的制定提供了可能性基础。

城市优秀教师反哺农村教育是未来教育发展的一个必然,否则中国教育的整个生态会走向畸形。为城乡教师提供平等的交流与流动机会,想尽办法让城市教师扎根农村教育才是中国教育的改革方向。

四、教科书的城市倾向:城乡教师的认知文化差距

教科书的"城市中心"倾向,在义务教育阶段还是比较明显的。当然,教科书的使用必然经过教师的运作课程后,才可能变成学生的体验课程。因而,城乡教师对教科书的认知理解存在着差异。

(一) 谁设计的教科书

教科书是一个课程的核心教学材料。教科书一般不是原始研究成果,而是对某学科现有知识和成果的综合归纳和系统阐述。教科书在材料的筛选、概念的解释、不同观点或学派的介绍,以及学科知识的综合归纳、分析论证和结论等方面,具有全面、系统、准确的特征。教科书的作用体现在"价值引导"与"学生发展"上,所以,由谁来设计和开发教科书是显而易见的。

教科书体现了国家对教育的价值引导,"谁的知识最有价值",谁的知识就会进入教科书之中,成为主流文化的象征。在历来教科书开发中,当然是以专家为主导的团队为主,带有自身的城市烙印,教科书的设计主体与开发者显然有脱离农村的倾向,再加之中国农村的差异又极大,所以原来的教科书的设计带有明显的"城市化"倾向。

(二) 教科书为谁设计

教科书是国家意志的体现,是为培养国家需要的未来公民服务的。但是,教科书的内容设计也带有城市化的倾向,从而不利于农村师生的教学开展。如中小学语文教学内容的城市偏向主要表现在一种城市生活的价值取向上,并可能培养农村孩子羡慕城市的情感[①];而农村家庭对孩子早期教育的不足和为孩子输送的文化资本与学校教育的不连续性,又影响了他们通过学业成功进入城市的机会;中小学品德与生活教科书同样存在城市偏向,教科书中带有城市色彩的内容与插图,偏向于城市学生所熟知的场景。

教科书所渗透的文化主要偏重于城市文化,显然城市的学生拥有明显的资源优

---

① 余秀兰.中小学教学内容的城市偏向分析[J].南京师大学报(社会科学版),2005(9):89—95.

势。培养学生对城市的"高尚"感与对农村的"卑微"感成为一种潜在的不可忽略的倾向。[1] 教科书为谁设计的出发点直接影响和决定了教育对象与教育者的差异性。

(三) 文本解读的差异与差距

"一千个读者会有一千个哈姆雷特",这是文本阅读理解差异。从理论上,这种差异恰恰反映出人们思考问题与生活背景的多样性,是值得提倡的。但在现实中,根本不同的文化背景对同一文本的理解的深度与广度会有所差异,这就表现在教科书的文本选择上,教科书的城市化倾向致使农村教师在理解的时候处于弱势。在传递与表达、交流与沟通上,会增加农村教师的难度,因为教育对象对文本的熟知程度不一样。最终,可能会导致学业成绩的差距。

城乡教师文本理解差异的问题实际上出在衡量与评价教育的标准的统一化。假如评价标准以农村为导向的话,农村孩子的学业成绩与自信心会显著增强,甚至会高于城市孩子。恰恰相反,现在的评价标准仍然具有城市化倾向,使得农村教师只好按照城市标准要求去开展自己的工作。这时的农村教师显然是拿自己的弱点与城市教师的长处进行比较,结果就可想而知了。

五、"为己"与"为人":城乡教师的价值文化差距

价值是指具有特定属性的客体对于主体需要的意义。人和具体事物、主体和客体、事情和事情、运动和运动、物体和物体的相互作用、相互影响、相互联系、相互统一是价值的存在和表现形式。

(一) "活着"与"好好活着":城乡教师的生存价值差距

价值作为普遍性的实事存在,无论是城市教师还是农村教师,根本追求都是要过得有意义。教师生存价值体现在两个方面:一个是教师作为一个专业和职业对自身的价值取向,工作作为谋生的手段,对人的价值就是提供必备的生活保障,这层意义显然是基本的底层价值。另一个方面就是在教育学生的过程中能享受到工作所带来的乐趣与幸福,尤其是看到自己的学生学有所成后的幸福感,这种自我实现的价值感更多地表现在这一层面上。作为城乡教师无论"为己"还是"为人"都应该"活着"且"好好活着",这是最根本的价值存在。

当然,城乡教师工作价值观存在巨大差异。有研究证实城市教师在安定与免于焦

---

[1] 王金华.教科书的城市偏向分析[J].教育科学论坛,2011(8):11—13.

虑、休闲健康与交通这两个取向上的得分明显高于农村和乡镇教师。这与城市职业生活压力较大有直接的关系，城市工作相对于农村和乡镇来说更为忙碌，生活节奏较快，紧张的生活让人对安定、休闲的生活较为向往；而且城市教师的经济状况比农村教师相对要好些，为他们在业余时间从事休闲活动提供了一定的物质基础，所以城市教师对这两个方面的重视程度要高于农村和乡镇的教师。①

（二）"守成"与"创新"：城乡教师的教学价值差距

教师最本质的工作就是教书育人，教学价值是教育价值的核心体现。城乡教师在教学价值究竟存在着哪些区别与联系呢？这一问题值得我们深思。

如果从教育教学的环境条件及教育教学的开放程度上讲，农村教师显然处于传统不利的位置，他们既没有现代化的多媒体设备（即使有些地方有，也不会充分使用），也缺少走出去的机会，相对而言，农村教师是封闭的，他们的视野仅仅局限于自己的校园内，外边精彩的世界似乎离他们非常遥远，能够"守成"并完成自己的任务就已经算不错了。城市教师就有了明显不同的境况，他们面对诸多的压力与挑战，为了更好地适应城市生活就必然要解放思想，打破常规，"创新"无时不在激励着自己。这两种迥然不同的文化，造成了教学价值的巨大差异。

城乡教师教学价值的两种状态是"完成"与"创造性完成"的差异。而实际上，农村教师同样也能够创造性实现自己的教学价值。

（三）"你成才，我幸福"：城乡教师的共同价值追求

无论城乡教师在生存价值、教学价值上存在多大的差异，有一点是相同的，那就是"学生的成才，是教师的幸福"，这是城乡教师的共同价值追求。

这一共同的价值追求是由教师的职业特性所决定的，教师的根本任务是"为了学生的发展"，通过知识的传递，让学生在知识与技能、情感态度与价值观上都有所发展。农村教师尽管在知识理解的深度与广度、技能的操练上比不上城市教师，但在情感态度与价值观上却不见得落后。尽管城乡教师的压力与困境不同，但他们都会想着学生的明天，学生成绩的提升是教师最大的欣慰。

总之，无论城乡教师的价值文化存在多大差异，"心系学生的发展，追求个人幸福"是城乡教师的永远追求。

---

① 丘碧群.中小学教师工作价值观个体差异的实证研究[J].价值工程，2010(1).

六、"扬弃":城乡教师的信息重构文化差距

信息由意义和符号组成,它是对客观世界中各种事物的变化和特征的反映,是客观事物之间相互作用和联系的表征,是客观事物经过感知或认识后的再现,是事物运动的状态和方式。哲学上的"扬弃"一词具有丰富的内涵,其最基本的含义就是取消和保留的过程。其实,在对信息"扬弃"的过程中,城乡教师接受信息、理解信息、反思信息和体验信息的方式与能力会有差异。

(一)信息扬弃方式差异

人们对信息的理解既有本体论阐释,亦有认识论的说明。首先,信息定义为事物存在的方式和运动状态的表现形式,它不以人的意志为转移。另一方面,信息是指主体所感知或表述的事物存在的方式和运动状态。主体所感知的是外部世界向主体输入的信息,主体所表述的则是主体向外部世界输出的信息。从教育意义的理解上,信息应该是倾向于认识论的理解。

信息表象形式的多样性(如音像、文字符号、图像、电子信息等)和认识主体的多样性构成了认识过程的多样性与认识结果的多样性。现在的教育载体多种多样,面对良莠不齐的教育信息,作为教师必然要进行过滤与选择。城乡教师在选择的过程中尽管有共性的东西存在,更多表现出的是信息重构方式的差异性。

究竟城乡教师在信息解构与重构存在哪些差异,这是心理学界、教育学界、哲学界以及信息科学界应该攻克的重大难题。如果认识清楚城乡教师和学生的信息重构方式,就能够做到因材施教,就能够加快弥补城乡教育差距这一现实。

(二)信息扬弃能力差异

教师信息扬弃的目的立足于教育教学任务的完成,信息扬弃方式的多样性存在决定了信息理解与传递的难度。

城乡教师的生活背景与学习经历决定了他们具有不同的接受信息与处理信息的能力。从接受信息的角度来看,城市教师在这方面占有优势,他们不仅有现代的信息工具,而且接触最新信息的路径与渠道也多于农村教师。而农村教师显得相对落后,他们的教育教学信息过多依赖教科书和参考书,没有其他的教育教学信息可以参考。在信息的处理上也是如此,城市教师不仅可以进行文字符号的处理,也可以进行音像、图片、视频、电子材料的处理;而农村教师的局限性就有所显露,他们接触与处理更多的是传统意义上的文字。由于现代教育教学条件的限制,农村教师在信息处理上还处于弱势。

这种接受与处理信息的差距,直接决定了重构与传递信息的差距。教师接受和处理信息的目的是教育孩子,农村孩子在这方面与城市孩子同样存在信息扬弃的差异与差距,所以说农村教师在教书育人的信息传递过程中赶不上城市教师。所以,城乡教师信息重构的差距是造成城乡教育差距的其中一个不可忽视的重要原因。

总之,文化因素是造成中国城乡教师学力差异的深层原因,尽管影响城乡发展的文化因素深深植根于人们的日常思维与行为之中,不过这种差异必然会在教育现代化的进程中得以改善,教育提升的过程就是文化变迁的过程,城乡教师学力差距缩小的过程,就是中国教育前进的过程。

第二节　教师学力差异的制度归因

城乡教师学力差异形成的原因除了深层的文化因素外,国家的制度因素也是其中的重要原因。我国"重城轻乡"的教育发展战略制度、"以乡为主"与"以县为主"的办学体制、教师分配制度、教师管理制度以及重点学校建设政策都是造成城乡教育发展巨大差距的原因。

一、"重城轻乡"的教育发展战略制度

我国固有的城乡二元文化以及建国后的城乡二元的国家政策导向,造成了"重城轻乡"的教育发展战略,这一战略虽在特定的历史时期对推进中国教育的进步起到了至关重要的作用,但造成的不利影响也是非常明显的。

(一) 城乡二元的国家发展导致"重城轻乡"教育发展战略制度

"重城轻乡"教育发展战略制度在我国具有一定的历史原因。长期以来,为了快速培养人才,集中选拔和优先培养社会急需的人才是国家发展的战略需求,尤其是"文化大革命"十年中国的大中小学几乎处于瘫痪状态,致使各种人才出现断层,在1977年恢复高考后,党和政府加大教育投入,把教育优先发展纳入了国家发展的战略决策。

在义务教育发展初期,我国采取了"重城轻乡"的失衡发展战略,即"先城市,后农村,先发达地区,后欠发达地区"。在经济上"让一部分人先富起来",在教育上"集中精力办好部分优质城市学校"。在特殊的历史时期,集中国家力量把城市学校办好,也是国家经济紧张时期的必然选择。战略决定政策,政策决定发展,城乡义务教育之所以出现如此之大的发展差别,最根本的原因是长期推行"重城轻乡"的非均衡发展

战略。

（二）"重城轻乡"的教育制度表现

教育制度是指一个国家或地区各级各类的教育机构与组织的体系及其管理规则。"重城轻乡"的教育制度首先表现在公共教育财政制度上，在长期以来的"重城轻乡"的非均衡发展战略引导下，有关部门与地区必然采取"城市优先"的投资分配政策。即使在城镇义务教育已经完成普及任务的情况下，城镇义务教育经费的增长速度也仍然快于农村。

其次表现在教育管理制度上。建国后实行中央和地方两级教育管理体制，将农村全部中小学下放给公社领导管理，教育经费以地方乡、镇和村为主分担和筹集直接导致因各地经济发展水平不一致的教育投入不稳定、不均衡，中国教育城乡差别初见端倪。1978年以后提出"基础教育地方负责，分级管理"，提出了城市优先发展的原则，农村教育的办学主体基本上是农村、乡镇，"以县为主"的提出，并没有从根本上解决中国农村差异性困难。

其实，不均衡的学生培养制度、教育质量评价制度、教育人事制度、入学招生制度、办学制度等，都不利于教育的整体发展。

（三）"重城轻乡"的教育发展制度的后果

一元化的教育价值取向与二元化的教育发展制度必然引起城乡教育发展的不均衡。我国当前进行了诸多方面的改革与尝试，城乡二元的思维模式、计划经济时代形成的国家主义的目标和价值仍然具有很强的惯性，它在当下的社会生活、公共政策制定中仍然有一定的影响。其基本特征是强调中央政府所代表的国家利益，强调效率和发展。为此，习惯性地主张强化中央政府的权力，国家掌控资源，实行集中计划，在资源配置上存在城市中心、效率优先、重点扶持、轻视和歧视民办教育等价值特点，形成教育系统城乡之间、重点学校与普通学校之间、公办教育与民办教育之间的"二元结构"，反映在社会上，促成了"择校热"的普遍存在，增加了人们之间的不平等，甚至在一定程度上激化了社会矛盾。

二元结构的深层存在在一定程度上制约我国教育制度的改革与发展。因为处于优势地位和领导阶层的以"城市"为代表的"少数者"，在政策咨询与制定时往往带有个人倾向，或者根本不愿意动摇自己的"切身利益"，所以增加农村教育的发言权，加大对农村教育的政策倾斜是国家长远发展的必然选择。当前，党和政府正积极努力改变这一不合理的二元结构。

二、"以乡为主"与"以县为主"的办学体制

教育办学与管理体制的城市倾向是造成城乡教师学力差异另一原因。中央和地方两级管理的办学体制是建国后我国义务教育的基本形态。

改革开放初期提出"基础教育地方负责,分级管理",1995 年的《中国教育改革和发展纲要》中正式规定了基础教育以地方政府办学为主,城乡和区域经济发展的失衡,必然会加剧教育发展的城乡差距和地区差距。2002 年义务教育实行"在国务院领导下,由地方负责、分级管理、以县为主"的管理体制,"以县为主"政策最重要的举措是撤消了乡镇教育机构,教师工资提高,由县级财政统一发放。然而,它并没有从根本上解决目前农村义务教育中存在的主要矛盾,依旧是在"分级办学,分级管理"框架内调整名义上的"分权",结果是更加扩大了义务教育的城乡差距。

无论是"以乡为主",还是"以县为主",没有从根本上改变城乡教育的差距。政府应该充分考虑到我国义务教育的巨大差异性,如果不采用积极的干预措施,城乡教育间的距离还会不断拉大,从而影响我国教育及社会的未来发展。

三、教师配置制度

教师资源配置,指教育主管部门依靠特定的配置力在教育系统中实行的对教师的分配和安置。我国现行的教师配置模式主要是由政府借助法律权力实行的对教师的分配安置,这就无法避免强制性、等级性、偏向性三大缺陷。[①] 我国的教师配置制度与教育制度根本相关。

建国后由于我国采用"一边倒"的政治方针,全面学习苏联,我国高校及中职院校也模仿苏联,根据行业的不同来设置学校类型,其中教师的培养任务由师范院校来承担。

我国的师范教育属于封闭式、定向培养模式。计划经济时代,师范生实行的是政府包分配制度,其核心原则是"从哪里来,回哪里去",即要求师范毕业生回原学籍所在地工作,这些措施虽然限制了城乡之间教师的流动,但对保证薄弱学校及时获得新的高素质的教师资源以及稳定和提升农村教师的素质起了积极作用。其中,师范生提前录取与人民助学金制度、定向分配制度保证了农村教师队伍的素质与稳定。

随着市场经济的推进,20 世纪 90 年代末"双向选择、择优录取"成为师范生择业

[①] 楚艳芳.论教师专业化与中小学教师资源配置的制度分析[J].中国集体经济(上),2008(3).

的新模式,与之相对应的是师范生提前录取制度、人民助学金制度以及定向分配制度随之弱化和取消。教师培养制度从定向走向开放,从政府主导走向市场调节。这充分体现"以人为本"、"自主择业"的愿望,但它的不利方面也很明显,就是对经济欠发达地区、农村以及城市薄弱学校的倾斜政策不到位,使毕业生不可避免地从农村走向城市、从薄弱地区走向发达地区、从一般学校向重点学校集中,导致城乡教师资源的分布更加不均衡。

城乡教师在配置数量与配置质量上都存在显著的差异。目前,我国"教师队伍结构性矛盾突出,学段分布与学科结构不合理,区域性结构失衡,城市教师局部超编与农村教师尤其是边远贫困地区教师严重紧缺并存,教师资源配置亟待优化"。一方面城镇中小学教师课时不足,隐性下岗却不愿去农村任教;另一方面农村中小学教师人数不足,大量不具备教师资格的代课教师充斥于教师队伍之中。

四、教师管理制度
(一) 教师管理权与使用权的分离

教师管理权与使用权的分离是我国当前教师管理的一个重要特征。这种教师管理模式一方面促进区域间教师的合理安排使用,在特殊的背景下突出了计划统筹的宏观调控意义;另一面限制了城乡教师的合理流动,滋生了政府部门腐败现象,从而不利于教育事业的长远发展。

按照目前颁布实施的《教师法》和各地区发布的《教师法实施细则》,区、县人民政府对本地区的教师实施管理。教师编制的核定,教师工资待遇的落实,教师的聘用等等都是以区县为单位,人事部门、财政部门、教育部门多家统一策划与组织。这样能够保证教师的管理与整个教育事业发展相一致,避免因单一单位的短视造成的恶性竞争。

但城乡教师编制核定的差距是造成城乡教师不均衡的重要原因。按照2001年的办法,初中阶段,农村是18∶1,县镇是16∶1,城市是13.5∶1。根据农村适龄学生的总数来核定教师编制在当时具有一定的合理性,但很明显这一编制核定方式缺乏灵活性,不能适应快速变化的教育需求,尤其是农村的学校班级人数少,但是年级多、门类多,农村教师往往一个人身兼几职,课时重,待遇差。

学校对教师具有一定的使用权,但这种使用权也是相对的。因为在中国作为一名教师,只要能够进入学校,如果没有大的错误与问题,学校没有解聘的权力,致使"好的教师进不来,差的教师出不去",教师队伍的更新与交流成为一个很缓慢的自然过程。

(二) 教师评价制度

教师评价制度应该是教育管理重要组成部分,教师评价的目的与价值决定教师评价的意义。《中华人民共和国教师法》明确提出"学校或者其他教育机构应当对教师的政治思想、业务水平、工作态度和工作成绩进行考核。教育行政部门对教师的考核工作进行指导、监督",同时要求"考核应当客观、公正、准确,充分听取教师本人、其他教师以及学生的意见","教师考核结果是受聘任教、晋升工资、实施奖惩的依据"。可以看出,教师评价主体应该是学校,教育行政单位具有指导与监督权。

在具体的实际运作过程中,学校虽然具有对教师评价的权利,但评价结果的好坏不会对教师造成根本性的影响,尤其是农村教师,本来就没有多余的补助与津贴,评价对他们起不了任何的调节与鼓励作用。城市学校稍微好一些,能够通过评价结果决定教师的津贴福利、晋级提拔等。从而导致农村教师评价流于形式,没有起到应有的作用。

当前,尽管提出对教师要有定期注册制度,对不合格教师进行及时的分流与淘汰。这种权利对学校来说,可能性很小。原先的《教师法》规定,教师有下列情形之一的,由所在学校、其他教育机构或者教育行政部门给予行政处分或者解聘:(1)故意不完成教育教学任务给教育教学工作造成损失的;(2)体罚学生,经教育不改的;(3)品行不良、侮辱学生,影响恶劣的。从这几种情形可以看出,学校解聘教师的可能是微乎其微的,尤其是在农村,校长也不可能因为工作不够积极而对教师采取解聘等消极的干预措施。

原先教师法中规定的教师考核与评价尽管在一定程度上保护了教师的合法权益不受侵犯,从另一个角度而言,教师评价对教师的激励作用非常有限,教师应付工作的倦怠现象会时常发生,这一点在农村教师群体中表现得尤为突出。

(三) 教师流动制度

"乡——城"流动是农村教师流动的基本形式。一方面由于受我国二元文化结构的影响,进入城市学校几乎成了每位农村教师的梦想,这一根深蒂固的原因一时无法在短时间内根除。另一个方面,农村城市化发展速度加快致使县城中小学学生数量剧增,学校不得不大规模改扩建校舍,扩充教师编制。所以,城区中小学每年都从农村中小学选拔大量优秀教师,农村乡(镇)中小学的优秀、骨干教师都流向了县城学校。这致使乡(镇)偏远农村中学教师队伍极不稳定,教师年龄结构失衡,教师素质明显低于县城教师,加大了城乡师资的差距;同时,也导致了县城中学教师老龄化趋势明显,教师梯队年龄结构严重断层,30岁以下的年轻教师特别少。

与此同时,农村流进的是刚毕业没有教学经验的新教师,他们当中大多数是由教育行政部门强制性分配的,因而不安心在偏远农村地区工作,待工作一两年之后,会找关系调往交通方便的城区或郊区学校。剩下的都是年龄较大的老教师,这造成农村中小学教师队伍老龄化趋势,使教师队伍青黄不接。

城市支援农村学校的"城——乡——城"的模式,仍然存在很大问题。如没有城乡教师长期、稳定的流动制度,保障机制不健全;将教师支援农村与评职晋级挂钩,致使利益驱动的不良现象存在;城市教师交流时间较短、城市优质学校的优秀教师很少参与交流等。与此同时,农村教师到城市学习进修的"乡——城——乡"模式的问题也很明显。如农村学校教师编制紧张,没有剩余人员代替带班和教学任务,因而事实上农村教师难以抽出时间到城市学校学习;县乡教育部门和学校对农村教师到城市学校进修学习无经费保障,实施尚存在很大困难等。

所以,近年来农村教师队伍的稳定性差,教师工作量进一步增大,保安全、抓质量的压力有增无减,致使教师们在长期超负荷工作下出现情绪波动,导致诸多意外事情的频繁发生。同时,优秀、骨干教师大量流失,补充却极为困难与缓慢,这无疑给农村义务教育质量带来沉重的打击。

五、重点学校建设政策

(一)重点学校建设的历史倾向

重点学校建设政策是我国具体国情下的产物,具有很强的历史痕迹。

1953年5月,党中央决定"要办好重点中学"。1953年政务院发布《关于整顿和改进小学教育的指示》,要求"今后应首先着重办好城市小学、工矿区小学、乡村完全小学和中心小学"。同年,教育部向中央提出《关于有重点地办好一些中学和师范的意见》,从而确定了全国重点中学194所,占当时全国中学数量的4.4%。

1962年,教育部发出《关于有重点地办好一批全日制中、小学校的通知》,进一步提出要压缩中小学规模,提高质量,认真办好一批重点学校。这是符合当时我国教育实际的正确决策,是重点学校制度最早的来源。

1978年,教育部制定《关于办好一批重点中小学试行方案》,提出在以后的重点中小学建设调整长期规划上,全国重点中小学形成"小金字塔"结构,并在经费投入、办学条件、师资队伍、学生来源等方面向重点学校倾斜,由此形成了国家级、省级、地级、县级的重点学校"层层重点"的格局。

1994年,国务院在《中国教育改革和发展纲要》的实施意见中提出,到2000年普通高中在校生要达到850万人左右,每个县要面向全县重点办好一两所中学,全国重点建设1000所左右实验性、示范性的高中。在此文件的要求下,改革地区重点学校进入快速发展时期。各地方也根据国家精神出台了类似的政策,如1994年浙江省教委制定了《关于进一步办好我省实验小学的意见》,江苏省教委颁发了《关于进一步办好实验小学的意见》。江苏省将小学分为一般小学、示范小学、市级实验小学和省级实验小学,而初中按照办学水平和条件分为不同的星级中学。浙江省在20世纪末,要建设好100所左右实验小学,其中要有一批代表浙江水平、在华东和全国有一定影响的省示范性实验小学。

1986年,重点学校催生择校热,国家教委推行小学初中就近入学。2006年,新《义务教育法》禁止办重点学校,但效果甚微。

(二) 重点学校建设的动因

我国的重点中小学制度是历史造成的。新中国成立初期,百业待兴,急需大批高级人才以推动国民经济的快速发展,迅速改变落后的面貌,但受到教育资源严重不足的限制。为此,国家实行举办重点中小学的办法,严格考试制度,培养尖子人才。

"文革"期间,教育事业受到严重破坏,教育质量低下,我国曾经与世界发达国家之间缩短了的差距再度拉大。1977年5月,邓小平同志在深入分析了我国新时期的经济基础和基本国情后,为了"早出人才,快出人才,出好人才",提出"办教育要两条腿走路,既要注意普及,又注意提高。要办重点小学、重点中学、重点大学。要经过严格考试,把最优秀的人集中在重点中学和大学","为了加速造就人才和带动整个教育水平的提高,必须考虑集中力量加强重点大学和重点中小学的建设,尽快提高它们的教学水平和教学质量"。从当时我国教育事业发展的实际情况来看,实施重点教育与一般普通教育相结合,是一条全面抓好我国教育事业发展的正确方针,符合我国当时的教育实际情况。归纳起来有以下原因:(1)政治上来说,必须在较短的时期内培养出各行业各业所急需的人才,所以必须集中力量办大事,集中资源办教育,符合"早出人才,快出人才,出好人才"的战略发展需求。(2)从经济上来说,当时的国家经济十分困难,教育投入跟不上,只能集中重点办学。(3)从教育本身来说,教育供需的矛盾十分突出,师资紧缺,办学条件差,师资力量薄弱,必须集中优势师资把一部分学校先办起来。

（三）重点学校建设的问题

重点学校的政策倾斜，导致了城乡教育的差距逐渐扩大。

从重点学校的分布来看，1982 年对 13 个省、自治区、直辖市的 348 所重点中学的调查显示，城市 243 所，占 70%；县镇 98 所，占 28%；农村 7 所，占 2%。其中 7 个省、直辖市的农村没有一所重点中学。

从经费投入来看，有学者对某地调查统计得出，1996 年每所重点中学所得几乎等于 9 所非重点中学设备费总和的 9 倍。

从重点学校的生源来说，重点学校建设政策的直接后果是优质教育资源的过度集中，导致"择校热"的产生，至今此情形仍然没有得到很好的改善，"择校热"成为了一个严重的社会问题。2003 年下半年至 2004 年初，学者杨东平等人对北京、苏州、宁波等 10 个城市调查显示，优势阶层（高级和中级管理人员、技术人员）子女约 60% 在重点中学就读，而低阶层家庭则恰好相反，约 60% 子女在非重点学校就读，如果再考虑各阶层的人口比例，这种差距还更大，上层子女进入重点中学的入学机会比低阶层子女要高得多。

重点学校制度最不合理之处，在于把本应面向全体公民的教育分成三六九等，教育资源优先向重点学校倾斜，普通学校却严重匮乏，用全体纳税人的钱办面向少数人的"精英教育"。[①]

第三节　教师学力差异的个体归因

城乡教师学力差异除了宏观的文化与制度的深层影响之外，个人的因素对城乡教师的专业发展应该说起着最根本的作用。如果说文化与制度是外因的话，那么任何外在的制度与文化必须通过教师个体的内因才能起到应有的作用。就个体而言，城乡教师也存在发展机会、个人收益、教育观念及个人努力程度的不同。

一、城乡教师个体发展平台的差距

教师在个体发展上存在明显的城乡差异。我们知道城市教师无论是在学历上（见表 6-1），还是职称（见表 6-2）上均高于农村。

---

① 资料来源：http://news.qq.com/zt2011/ghgcd/49.htm.

表6-1 2006年城乡普通初中和普通小学教师学历对比[①]

	城市		县镇		农村	
	学历合格率	高学历教师比例	学历合格率	高学历教师比例	学历合格率	高学历教师比例
小学	99.73%	82.54%	99.53%	72.41%	98.43%	53.61%
初中	98.78%	68.47%	96.95%	41.15%	94.80%	29.97%

表6-2 2006年普通初中专任教师职称情况(%)

职称	城市初中(%)	县镇初中(%)	农村初中(%)
中学高级	17.67	6.7	4.6
中学一级	43.16	39.87	35.23
中学二级	30.29	40.22	42.71
中学三级	2.38	6.18	8.77
未评职称	6.49	7.04	8.67

相对来说,城市学校的教师学科结构较为合理,人员较为充裕,教师职称学历相对较高,这就意味着在城市学校任教就拥有更好的职业发展机会。城市教师不仅在校内可以进行教研组、学科组、年级组的交流与学习,而且也有更多走出去的机会到全国各地名校去交流与学习,甚至像北京、上海等大城市的学校的教师有到国外学习、进修与考察的机会,这些活动是教师专业发展的重要途径。城市学校不仅有自己的学科带头人、骨干教师对教师进行校内指导与提升,而且城市学校还有机会邀请校外的专家进行交流与指导。在这样的背景与氛围中,无论是新教师还是老教师都时刻面临着压力与动力,时刻迎接新的挑战,当然城市的教师发展机会会更多。

相反,在农村学校,很多教师评上中级职称以后再进一步提高职称的可能性很小,因为每年全县的高级职称指标有限,且主要分配给位于县城的重点学校。况且,原来职称评审的标准与条件几乎是农村教师不可能达到的。在专业学习与交流上,农村教师更是无法开展。首先在学科上,农村学校的许多学科结构失衡,甚至一个教师代三四门课的现象也很普遍,更不用说有什么学科带头人了,即使有一个稍微出色的教师,也会很快跳出农村学校,所以,农村学校没法开展教学讨论与研究,仅仅依靠农村教师的自我摸索与奉献。

另外,城乡学校对专业发展的重视程度也决定了城乡教师发展的差距。城市学校

---

① 数据来源:根据《中国教育统计年鉴2006》数据计算。

教师专业发展的受重视程度远高于农村,一是受师资条件制约,二是受经费限制。显然城市在师资配备、经费投入等方面远远高于农村学校,这样就有利于开展教师的专业发展工作。农村学校十分纠结,自己辛苦培养出的优秀教师,肯定很快就会跳出自己的学校,这样一来农村学校对教师专业发展的重视动力不足。农村学校的领导缺乏重视教师专业发展的理念,也缺乏相应的资金支持和政策保障,使得教师的发展空间受限、发展前景渺茫,致使教师产生困惑与倦怠,并产生变换工作环境的想法。

二、城乡教师个体福利待遇的差距

城乡之间教师的福利待遇差距十分明显,这是导致教师向经济发达地区和福利待遇好的学校流动的原因,也是影响城乡教师专业发展的重要因素。1994年分税制实行后,农村教师的工资往往不能及时发放,拖欠教师工资现象较为普遍。即使在2003年实行教师工资县级财政统一支付的情况下,很多农村教师也只能拿到国家规定的基本工资。比如广州欠发达地区和发达地区中小学(指不含地级市直属学校),教师月平均工资水平分别从2008年第三季度的1 700元和5 300元上升到2010年第二季度的2 300元和6 900元。[1] 尽管总数有了一定的上升,但差距也越拉越大。

其他福利待遇方面城乡教师差距更大,比如农村教师的奖励性工资、课时津贴、加班工资很难兑现,医疗费用也难以报销。再如教师住房和公积金上也明显存在城乡差距,《教师法》规定国务院有关部门和地方各级人民政府,对城市教师住房的建设、租赁、出售实行优先、优惠,县、乡两级人民政府应当为农村中小学教师解决住房提供方便。显然,这种表述上的差异,对农村教师造成了实际的伤害,比如农村教师既没有自建房的条件,也没买房的实力。绝大多数农村教师没有享受福利性的房改政策,多数农村教师也难以申请住房公积金贷款购买商品房。农村中小学教师的养老保险、医疗保障、失业保险与住房公积金的保障力度普遍不如城市公办中小学教师。

除了这些工资待遇外,城市教师还有隐性收入,比如说有偿家教等,这些都导致优秀青年教师向城市和好学校流动。调查结果显示,53.4%的教师表示有同城不同酬的现象。即便是在同一城市内部,市区学校、县区学校、城乡学校的教师工资水平存在很大差异,引发更多的教师向城市学校流动。

城乡教师的待遇直接影响教师的生活质量与专业发展,这也是造成城乡教师学力

---

[1] 薛江华.广东14市教师工资不低于公务员.羊城晚报,2010年9月10日.

差距的重要因素之一。

三、城乡教师个体教育观念的差距

城乡教师在教育观念上也存在一定的差距,尤其是基础教育课程改革进行十年来,城乡教师在教育教学观念上都发生了巨大的变化,但鉴于城乡教师各种条件的不同,进而表现出了巨大的差异性与差距。

由于农村教师接受新教育观念的机会明显少于城市教师,显然他们对新的教育观念的理解处于表层。向学生传授知识仍是多数农村教师对自己的定位,但是,农村教师的升学压力相对较小,对新生事物的好奇心与新颖感,让他们也尝试着通过更新教学观念、改革教学模式来改变落后局面,因此对新出现的一些名词,如教师的新角色、学生的新角色比较容易认同,但理解欠深刻,对教育教学改革中新的教育理念,他们可能看重的仅是形式,而真正深层的东西没有城市教师理解得那么深刻。比如,对于小组合作学习,农村教师可能会注重外在合作,而对进一步的在什么状况下合作、小组究竟如何组合等等都不是十分理解。

长期以来,由于条件的限制,多数农村教师参与教育研讨的机会不多,仍然认为教师是教育教学的中心,教师是知识的化身,其职能就是进行单向度的知识灌输。如果简单地把教师塑造成知识的化身既不符合现实,又会错误地引导教师成为知识的收集者、保管者而不是利用者和创造者,会给教师造成过大的负担,也会限制教师的创新活动。农村教师必须转变教育教学方式,重新对自己进行角色定位,再也不能固守教师中心的做法。

教育观念差距是教师学力差距的重要组成部分,城乡教师的整体素质差距决定了城乡教师教育观念的差距。从当前的教育形势而言,农村教师在教育观念的更新上并不是完全无动于衷,他们有改变对农村教育落后认识的想法,有积极向上的情怀,同时也有对农村孩子的担忧,所以,进一步深化农村教师的教育观念仍然十分必要。

四、城乡教师个体努力程度的差距

其实,城乡教师学力差距除了外在文化、制度、福利待遇、个人发展机会等因素以外,最重要的原因就是城乡教师个体努力程度之间的差距。当然,我们不能武断地说农村教师不积极努力或努力不够。

在一般意义上,由于城乡教育环境的差异,社会对城乡教师的期望程度不一样,就决定了城乡教师的压力与动力的差异性与差距。这种差距首先表现在学习时间上,尽管没有做过精细的调研,但从直观了解可以初步推断,城市教师在这方面要明显高于农村学校教师。再次,在学习空间上也可以推断城市教师更优越,农村教师在学校里缺乏学习的氛围与条件,而离开学校后,农村教师自己学习的机会相对于城市教师而言会更少。在其他各种学习机会上,农村教师会更少,从农村教师较小的压力中也可以透视出农村教师未来发展的困境,尤其是在当前的农村学校,"当一天和尚,撞一天钟"的"得过且过"的教师也不乏人在。在学习氛围上也是如此,在农村如果哪个教师在自己看书学习,有可能会被视为"异类"遭到排挤。那些跳出农村学校的教师当然跟自己的努力程度是分不开的,所以,我们也不能一棒子打死全部,只不过是说农村教师的努力相对而言不如城市教师。

在专业发展上也是如此,农村教师首先在学校里不知道向谁学习,缺乏系统的学科指导,绝大多数教师依靠的是自我的摸索与经验。而城市教师就明显不同了,他们不仅有校内的指导,还有校外的指导,不仅有名师指导,还有专家指导,而农村教师见专家、名师是难上加难的事情。再加上许多地方的职称评审条件限制了农村教师评上高级职称的可能性,从而使农村教师失去了学习的动机。

农村留守儿童增加,致使家庭教育严重缺失,家校沟通越来越困难,家长的许多不良行为与怨言,使农村教师与家长沟通困难,所以,农村教师的发展的积极性明显缺失。

无论是外在环境条件还是自我价值实现都使农村教师处于一个不利的位置,他们不是不想努力,而是现实的诸多无奈压得农村教师失去了发展的动力与信心。当前,亟待解决的问题就是要重新激发农村教师发展的内在动力,只有这样才能真正实现农村教师学力的提升与发展。

第七章 教师学力新发展

历史与现实因素的多种交错,造成了城乡教师学力差异与差距的客观现实。为了城乡教育的公平发展和教育的整体进步,必须直面这一现实,尽力缩小这一差距,承认这一差异,想尽一切办法使城乡教师共同、多样发展才是民族振兴的长久动力。

第一节 教师学力发展的文化路径

文化是人化,文化主体在文化的浸染中改变着自身,也改变着文化。文化是一个历史的过程,是一个人化的过程,缩小城乡教师学力差距必然要经历文化的更新与变迁。积极发挥城乡教师的文化影响力,创建城乡教师平等的文化环境,树立城乡教师共同发展的价值取向应该成为缩小城乡教师学力差距的基本文化路径。

一、创建城乡教师平等的文化环境

我国城乡的二元文化差距渗透在社会生活的方方面面,这一不平等的文化环境必须得到净化,才能从根本上改变城乡教师学力的差距。城乡教师平等文化的构建要从"形式"平等走向"内容"平等,要从"单一"平等走向"多元"平等,要从"被动"平等走向"主动"平等。

(一)城乡教师平等文化要从"形式"走向"内容"

新中国成立后,我国政府高度重视教育,不仅制定了《义务教育法》《教师法》,也制定了具有历史意义、开创性与面向未来的《国家中长期教育改革与发展规划纲要(2010—2020年)》。在不同的法律与政策文本中,都从不同层面表明了教师的社会地位、经济地位与政治地位,赋予了城乡教师合法的"平等"身份,但对城乡教师的地位尤其是经济地位的表述显示出了一定的差异性,如《教师法》第二十八条规定"地方各级人民政府和国务院有关部门,对城市教师住房的建设、租赁、出售实行优先、优惠。县、乡两级人民政府应当为农村中小学教师解决住房提供方便"。这种保障主体的差异性构成了城乡教师"差距"的文化制度根源。

城乡教师"形式"的平等在特定的历史条件下具有一定的进步意义。如城乡教师的原有身份都是"国家干部",具有同等的经济待遇与政治待遇,这在一定程度上,激发了农村教师扎根农村教育的积极性,尤其是一批民办教师与代课教师为中国的农村教育事业奉献了自己的青春年华。随着社会政治经济的飞速发展,全球化的时代与信息时代的到来,仅靠"形式"的平等已经不能适应当今社会的需求了。

城乡教师"内容"的实质性平等必须是当今教育要解决的重要问题。尤其是在不良风气的影响下,城市教师的收入、福利待遇明显高于农村教师,农村教师的学习机会、提升机会也少于城市教师,造成了农村教师的职业倦怠严重、自我身份认同度低、社会评价不高等现实问题。在教育教学的实践活动中,城乡教师的不平等现象仍然十分普遍,如教科书的城市化倾向、考评制度的城市化标准都是造成城乡教师学力差距的原因。所以,城乡教师平等文化必然要从"形式"走向"内容"。

(二) 城乡教师平等文化要从"单一"走向"多元"

城乡教师不同的生活样式、活动方式构成了城乡特有的不同文化,这一具有差异性的城乡文化是历史积淀的结果。作为两种文化的主体之一的城乡教师是主要体现者。与此同时,城乡教师特有的教师文化在一定意义上并不是完全割裂与截然分明的,而是相对具有各自的特点与优势,而且这两种文化的差异与界限反而变得越来越模糊、越淡化了。

城乡教师平等文化意味着城乡教师具有各自的文化优势,必须相互尊重与理解。"城乡"在本体论的意义上就具有中国特色。城市文化意味着工业与文明,农村文化则意味着农业与落后,尤其是随着工业化与信息化社会的到来,城市文化的优势表现得越来越明显。在发达的国家对农村文化的认识则会有一定差异,在我国农村教师所特有的文化似乎被看成了落后的代名词。我们更应该深刻思考的是农村教师文化的优势究竟在哪里?我们该怎样去尊重、理解与发扬农村文化的优势?

文化有与生俱来的独特性,单一的城市教师文化或农村教师文化都不能凌驾于另一种文化之上,更不能用一种文化的所谓"优势"去剥夺另一种文化的合法性存在。其实任何一种文化表征的是该文化的人化过程,是人活动的历史轨迹的呈现,是特定历史条件下人对世界万物的感悟及相互实践的结果。

文化趋同具有一定的危险性。当今世界的工业化与标准化模式在某种程度上塑造了趋同的文化倾向,简单化的文化趋同就可能会导致一种文化对另一种文化的"侵犯",反映在教育及教师文化上即是城市文化对农村文化的剥夺与无形的"殖民"。现在的教师培训与发展应该警惕这一现象,我们更多思考城市教师优势文化的同时,也应该充分吸收与发扬农村教师文化的精华,这本身也反映了文化具有兼容并蓄的特征。

平等基础上的多元理解、多元共处与多元融合是城乡教师文化平等的基本表现,这也是教师文化发展的基本走向,这一点必须引起每一位教育工作者的高度重视。单一文化只能导致一种文化对另一种文化的殖民,城乡教师文化平等的必经之路是城乡教育、教学、管理、评价文化的多元存在。

(三) 城乡教师平等文化要从"被动"走向"主动"

城乡教师平等文化的形成具有过程性与时间性,这就更加证明了这一历史进程的复杂性与多样性。城乡教师平等不仅要体现在外在利益补偿性的被动平等上,也要体现在内在意识唤醒的主动平等上。

城乡教师的"被动"平等是指形式上,平等是外在的、给予的,教师本身无法决定自身的各种权利。这种平等性超出了教育自身的范畴,从更广的意义上,教育作为整个社会的一部分,服从服务于社会发展,并且与社会的政治经济发展水平相适应,在特殊的历史条件及背景下,从国家的宏观全局来思考教师及城乡教师的定位是具有一定意义的。

要求给予补偿或归还农村教师的平等权利,同样也是历史发展到一定程度之后的必然选择。国家要考虑农村教师在新中国教育发展的历史上、在国民素质提升的过程中发挥着至关重要的作用,他们奉献着自己的青春年华,默默地耕耘在祖国的角落。可以说,没有农村教师的奉献,就没有中国教育的进步,就没有中国现代化的快速发展。归还教师尤其是农村教师的平等权利是历史赋予的时代责任。

其实,平等文化含义的另一层面就是,城乡教师的"主动"平等。城乡教师的"主动"平等是教师主体性的充分体现,平等是国家应该给予每位教师的权利。只有教师的自身平等意识被唤醒,才能实现真正意义上的平等。如果说国家给予是"消极平等"的话,那么教师内在主动争取到的平等则可称为"积极平等"。但重视农村教师的主动性平等并不是否定城市教师的权利,城乡教师的学力发展绝对不是削峰填谷。

主动意义上的平等复归是国家主体和教师主体的双重体现,理想的状态是从国家主体性到教师主体性的充分发挥,主动性应该渗透到教师工作的各个领域。如果说教师的"被动"平等是从形式来讲的话,那么"主动"平等才是实质性的内容平等,所以城乡教师的平等文化要从"被动"走向"主动",从"形式"走向"内容"。被动与主动,形式与内容的充分结合才是平等文化的真实体现。

二、城乡教师学力发展的价值取向

平等文化是城乡教师学力发展的共同根基与内在根源,共同发展构成了城乡教师学力发展的核心,差异发展是城乡教师学力发展的价值原则,而个性发展则成为城乡教师发展的价值标准。

(一) 共同发展是城乡教师学力发展的核心价值

对城乡教师而言,共同发展是教师文化的最核心价值。无论是从宏观的人性论及人性假设而言,还是从微观的教师群体或个体而言,都应该是面向未来的成长与进步。可以说,这是历史发展的应然趋势。共同发展意味着一种前进的趋势与方向,是城乡教师共同的追求,它是一种理念,也是一种目标。没有城乡教师的共同发展,中国的教育就会畸形,中国教育的发展就会面临严重的问题与挑战。教师的历史担当是沉重的,《国家中长期教育改革与发展规划纲要(2010—2020年)》的颁布为城乡教师的共同发展提供了保障,指明了方向。

共同发展是指城乡教师的发展不是以一方的牺牲为代价的剥削性发展,也不是一方吞噬另一方的压制性发展。首先,城乡教师不是作为二元对立而存在,在性质上具有身份的一致性即都是人民教师,只是存在服务对象与服务环境的差异,二者是平等的主体,没有歧视与偏见。共同发展不是城乡教师的同质化发展,而应该是根据教师自身的特点,有针对性的多样化与多元化发展。

共同发展的目标与理想是明确和唯一的,而共同发展的路径则是多样与多变的。目前在人们的心目中,农村教师的素质低于城市教师,通过教师学力的调查发现并非所有方面都是如此,农村教师的生存生活力就明显高于城市教师,这种反差进一步证明了城市教师和农村教师必须实现共同发展才能根本改变教育创新不足的现实。在保持城市教师继续发展的同时,加快弥补农村教师发展滞后的鸿沟。尽管在现实情况下,农村教师得到了前所未有的发展机遇,国家各级政府都在努力地改变农村教育落后的面貌,在本质认识上还没有真正扭转,在深层的文化认识上仍需进一步的完善。

应该谨记的是城乡教师的共同发展不是统一模式的"城市化"发展或"农村化"发展,尤其应该引起人们深刻思考的是发展过程中农村教师独特性的削弱甚至消失,这一问题在城市化进程中尤为突出,农村教师究竟往哪里去,该怎么去,仍然是要解决的时代课题。

(二) 差异发展是城乡教师学力发展的价值原则

如果说共同发展是平等文化的外在形式,那么差异发展则是体现内在本质。其实,共同发展不仅包含形式的平等,也包含实质的内容性平等,共同发展是宏观目标,差异发展则可称为具体性价值原则。在宏观目标指引下的城乡教师的差异发展才是教师发展的可行之路,是城乡教师学力发展的基本价值原则。

差异发展的立足点是发展主体的多样性,发展环境的复杂性,发展条件的有限性,发展目标的动态性。这种多元、多样、复杂、变化的多种因素的综合排列与组合构成城乡教师的独特性、多样性与复杂性。所以差异发展不是理论的需求,而是城乡教师的现实需求。差异发展不仅是一个指导性的宏观价值原则,更是具有针对性的实体性价值原则。

差异发展为共同发展提供了根基与得以繁衍的肥沃土壤,否则城乡教师的共同发展就可能有走向统一化模式的危险,就可能走机械"城市化"发展的偏道。与此同时,我们也应该清楚,差异发展不是无政府主义的盲目漂流或者是相对主义的"都可以"状态,差异发展要注意的问题就是不脱离现实,这一现实即指教师生存与发展的社会现实,也是教师所处的教育现实。

(三) 个性发展是城乡教师学力发展的价值标准

如果把城乡教师学力发展价值理念看成一个层级关系,或者看成一个"金字塔"模型的话,共同发展是目标和最高导向,差异发展是原则和中坚核心,那么个性发展则是最底层、最基础的价值标准。只有每个教师的个性与特长得到了足够的重视与发展,共同发展的目标才能实现,差异发展的原则才能体现。所以个性发展文化的张扬与体现同样是城乡教师学力发展不可忽视的重要方面,这一点足以构成检验城乡教师学力发展的价值标准。

个性发展是教师发展的一种境界与期望,是差异发展和共同发展的立足点与着眼点,是落实到每位教师个体的具体发展,它充分体现了以人为本的发展本质。个性发展文化的创造与营建是社会发展到一定程度的应然选择,只有每位教师的个性都得到了充分发展,教育整体的个性才能体现出来。

个性发展的文化塑造首先要从思想认识的高度落实到各级主体上,只有认识到个性发展的重要性与战略意义,各级主体才能够积极行动起来。其次,要充分认识到个性发展的长期性与艰巨性。个性发展不是停留在口号上的抽象定义,它应该是政治、经济、文化发展到一定程度之后的具体行动,无论是国际经验还是国内经验都无法回避社会发展水平。只有社会发展到一定程度,个性发展才有可能性条件。最后,个性发展的文化应该是每个人努力的方向,只有经过每个个体的积极努力与争取,才能在主体性意义上实现城乡教师学力发展,才能形成有个性的城乡教师文化。

个性发展文化不是自由主义的随意发展,一是充分张扬个性,尊重教师的自由与自主选择,另一方面更应该张扬的是一种责任担当,否则个性发展只能会导致狭隘的个人主义。

价值取向是城乡教师学力发展的文化核心,它决定了城乡教师发展的路径与方向,因而共同发展是城乡教师学力发展的价值核心,差异发展是城乡教师学力发展的价值原则,个性发展则是城乡教师学力发展的价值标准,三位一体的价值取向构建了城乡教师学力发展的文化路向。

三、积极发挥城乡教师的文化影响力

城乡教师的文化影响力与辐射力在任何社会发展的历程中都具有重要的社会意义与历史意义。城乡教师不仅担负起文化传承的责任,也担负着文化创造的责任,他们在履行责任的过程中实现自身的进步与发展。

(一)发挥城乡教师的文化继承力

文化继承是教育最本质的功能之一,教师最基本的任务之一便是将人类已有的生产经验与生活经验传递给下一代。而作为教师要想履行自己文化传承的职责就必然要"学高为师、身正为范",所以城乡教师的第一要务就是发展自身的文化继承力。

文化继承力是教师发展的前提与基础,也是教师发展的直观体现,教师学力发展水平直接彰显教师自身的文化继承力。教师的文化继承体现着教师自身的理解与感悟,反映了教师的认识与境界,城乡教师的文化继承力呈现多样性的差异。教师没有较强的文化继承力就很难有较快的发展,二者呈直接相关的发展趋势。

教师的文化继承力是教师学力的重要体现。在人类社会发展的进程中,教师的身份地位经历从谋生的"职业"到"专业"的转变,教师在文化传承中具有举足轻重的地位。在当下信息化与城市化进程加快的形势下,农村教师的文化继承似乎被弱化,教

师作为农村特有的知识分子的地位已经受到了冲击与动摇。

在新的历史条件下,城乡教师作为特有的知识代言人应该重新发挥其应有的作用,尤其是泛教育视野下,城乡教师的地位不能被削弱,不能仅仅局限在当下的学校视域之内,应该跳出来重新思考与定位城乡教师的文化传承价值。

发挥城乡教师文化继承力的首要措施就是全社会积极行动起来采取多种措施促进教师的学力发展,激发城乡教师的文化主体性,张扬教师的文化自觉性,让教师重新沐浴中华民族经典文化的同时,也浸染现代文化。城乡教师只有在文化意识高度自觉的情况下才能发展与张扬城乡教师的文化继承力。

(一) 发挥城乡教师的文化传授力

文化传授是教师存在的基本价值,是教师职责的基本体现。教师作为文化承载的主体,在解决好自身的文化内涵与继承后就需要发挥自己的优势与特长,在教书育人中发挥自己的文化传授功能。教师代表着先进文化,是国家文化传递的主要承担者。无论是中国还是西方,从幼儿园到小学、中学再到大学,粗略算计,人们在学校中所经历的时间将占人生中的重要部分,教师在其中的影响力是无法想象的。任何对教师职责疏忽的社会必将被历史淘汰。

教师的文化传授力是教师学力的重要体现,教师要想拥有较强的文化传授力必须要不断地学习与思考文化传授的方法,丰富文化内涵,掌握传授策略,富有传授理念。教师文化传授力的重视与发挥是当前中国文化建设的重要任务,是城乡教师学力提升的重要方面,如何在文化层面发挥教师的作用是当前必须迫切解决的历史任务。城乡教师是解决城乡二元文化对立的主要承担者,是消解城乡文化不平等的主力军。

(二) 发挥城乡教师的文化创造力

教育具有继承、参与和贡献三重目的,文化哲学意义上的教育目标在于价值形成力与文化创造力。文化创造力是民族文化独立、彰显与发扬的基本推动力,是民族存在和发展的内在源泉。教师的文化创造力充分体现着教师独立的思想、敏锐的洞察力、崇高的责任和不泯的良知。

文化创造力,需要时代宽容、包容、多元的环境,这可以使个人的创造力和想象力得到最大程度的发挥,教师通过深度参与彼此碰撞激荡而逐渐形成一种文化创造力。教师的文化创造力体现在教师工作的各个环节之中,教师在继承中创造,在传承中创造,在创造中创造,无时不体现教师自身的文化创造性,这是由教师的专业性质决定的。教育即是人对人的影响活动,教师只有充分发挥自己的聪明才智与创造才华才能更好发挥其自身的文化影响力与引领作用。

教师文化创造不是简单的模仿与机械的复制,尤其是在文化追求技术、追求功利的倾向越发严重的环境下,仿造、复制的现象渗透在文化的各个领域之中。作为教师要具有自觉的文化创新与创造意识,否则就可能扼杀了我们的文化冲动,压抑了我们的精神信仰,禁锢了我们的激情,消泯了我们的理性,使我们不再富有创造性,这种放弃精神自主与生命主体意识的复制现象不利于根除城乡二元不平等的对立文化,反而造成城乡教育差距的进一步拉大。

积极发挥城乡教师的文化影响力是张扬与历练教师学力的重要途径,主动提升城乡教师的文化平等意识,增强城乡教师的文化平等能力是减弱与消除城乡文化歧视的重要途径,这一点应该引起我们足够的重视。

第二节 教师学力发展的政策路向

城乡教师学力间的差距是明显存在的,文化政策路向是从核心价值观的角度为解决二者的差距提供思路,而政策路径则是缩小城乡教师学力差距的基本依据。当前及今后一段时间,我们的重点任务应该是进一步调整和优化城乡教师资源配置政策,制定城乡教师生存保障政策和落实教师专业发展政策。

一、调整城乡教师资源配置政策

教师资源作为教育的基础性资源,合理有效的配置直接关系教育公平和教育质量的提高。改革开放以来,我国城乡教师资源配置有了较大改善,但仍存在结构性失衡问题,这已成为制约我国教育进一步发展的一大瓶颈。

(一)政府确立城乡学校教师资源标准政策

建立以政府为主导的学校教师资源标准是缩小城乡师资不均衡的重要措施。国家要在充分调查、研究与比较的基础上,综合分析国内国际的教育情况,灵活设置城乡教师的配置,这是义务教育均衡发展的第一步。尽管由于历史的多种原因,我国城乡学校教师资源存在巨大差距,在今后较短的时间内政府要想尽各种办法来弥补历史原因造成的农村教师学力的低下。农村教育研究专家、北京师范大学袁桂林教授明确提出"在新的历史时期,农村学校师资要给予加快补偿",他提出了农村教师师资配置的基本设计:第一,从县镇与农村一致到城乡一致。第二,以学校为单位计算和配置教师。第三,坚持满足学校教育教学需求的原则,学校选择配置计算办法:至少每个班级2名教师;周课时上限为18课时;音、体、美等教师按照学校年级配置等。

农村学校师资配置的基本指导思想就是让农村学校更具有吸引力,配置要以优于现在城市的标准进行才有可能赶上目前城市学校的水平。这符合整体性配置原则,在师资的配置上,政府应改变原有的"效率优先"的配置模式,把优质教师资源向农村学校、薄弱学校倾斜。问题在于,政府有责任配置好每所学校的师资,但在新的劳动人事制度下,教师实行双向选择,由人才市场调节,特别是在各校差别大的情况下,政府需要制定恰当的政策,对优质教师资源的无序、单向流动进行一定程度的调控和制约,从而促进教师资源的均衡配置和优秀教师的合理流动。

(二) 建立科学的教师双向流动政策

教育系统人事制度的改革相对较为滞后,原有教师的单向流动与选拔机制造成了好的学校优先聘任优秀教师,一般学校聘任一般教师,素质低的教师只能到偏远的农村、山区学校去的客观现实。这种教师资源向发达地区、向强校单向流动的趋势在一定程度上加剧了区域内义务教育的发展失衡,违背了义务教育公平的精神。如果不改变这种纯粹的单向流动,即从农村流向城市,从贫困地区流向发达地区,从普通学校流向重点学校,农村教师学力的差距就很难得以缩小。

实现教育资源的均衡配置,必须控制优质教师资源的无序流动,防止义务教育优质教师资源的过度集中流动,实现师资力量的均衡,这是义务教育均衡的真实体现。

我们应该改变人才单位所有制为社会共享模式,建立科学的人才流动模式。教育规划纲要颁布实施以来,各地因地制宜,大胆创新,推动建立义务教育学校教师交流机制,初步探索了推动教师合理流动、均衡配置师资的多种模式,如人走关系动模式、无校籍管理模式、办学共同体模式、城镇教师支教模式。教师流动制度建设是个系统工程,需要相应的机制创新、政策配套、管理创新。

教师交流不是削峰填谷,而是共同发展;教师流动不应是一时之策,而应打破人事关系的约束,形成义务教育阶段教师统一管理制度,推动教师流动的常规化、制度化。流动不仅是对教师的约束,还要制定相应的激励机制,激发教师参与流动的积极性,促进教师成长和专业发展。

在完善教师流动的同时,也应该建立和完善鼓励城镇学校校长、教师到农村学校或城市薄弱学校任职任教机制,完善促进县域内教师交流的政策措施。逐步实行县级教育部门统一聘任校长,推行校长聘期制。

二、制定城乡教师生存保障政策

作为国家公职人员,城乡教师之间不应该存在身份的差异,他们基本任务都是一致的,那就是教书育人,只是由于服务对象的差异才有了城乡之分。

(一)提高农村教师的任教津贴

我国义务教育均衡发展的首要条件就是创造足够的条件吸引教师扎根农村教育。其中提高农村教师的任教津贴是当前一段时间义务教育的重要任务。随着《国家中长期教育改革与发展规划纲要(2010—2020年)》的颁布与实施,许多地方实施了农村任教津贴,显然给予的力度还不足以吸引教师到农村任教。

关于农村任教津贴,首先在发放额度上,以农村教师工薪收入总额为参照,将其提高到工薪总额的1—3倍,使其真正体现与弥补其他不利因素带来的损失;在发放依据上,从距离和职称两个维度来确定,依任教学校至县城距离远近和任教教师职称高低依次递增设定,按距离、职称比例加权核定;在发放对象上,可以根据在农村任教年限10、20、30年为基准进行发放。农村教师任教津贴的发放应该以省级财政统筹为基准,对全省非县镇农村教师任教津贴额度深入调查,制定全省统一的农村任教津贴额度发放标准,将农村教师任教津贴统一从省级地方财政单独列支,不再将该项津贴捆绑混同在绩效工资之内发放。

(二)完善农村教师的住房制度

农村教师的住房问题在市场经济的背景下显得尤为突出,大部分农村教师处在比较尴尬的境地。一方面他们属于教师没有权利享受农村自建房的条件,另一方面他们也不在城市工作不享有城市经济适用房的申请条件,这种尴尬的局面制约大部分青年教师的发展,只有安居才能乐业,这是千古不变的真理,显然国家在制定政策时忽略了这一点。所以,不管是市场经济还是计划经济,总得让大部分教师住上房为前提,要么给他们足够的住房补贴,要么给他们足够的政策,总之要让农村教师有安居的希望。

教师的周转房建设应该作为各级政府的主要责任,将教师周转房建设纳入各级党委、政府目标考核责任制之内,并依考核方案予以年度目标考核兑现。要确保农村教师住房公积金、购房补贴缴纳与发放的足额化、制度化,不能对农村教师购房设定各种限制条件。与此同时,政府可为农村教师购房提供具有优惠政策条件的限购商品房、经济适用房、教师集资房,农村教师可以在县城建置限购商品房、在中心镇建置经济适用房、在本乡镇建置教师集资房,为广大农村教师提供购置房源。

(三) 优化农村教师的生存环境

其实我们都非常清楚一个道理,就是之所以大多数教师不愿意扎根农村,一是考虑到农村学校缺少教师发展的空间与平台,二是考虑到农村缺少优越的基础条件设施、便捷的交通和其他隐性的福利待遇,三是考虑到农村学校不能为教师提供优质的教育,农村教师不能很好地兼顾家庭与事业,所以农村教师不得不变着法子"逃离"农村。

优化农村教育环境的优先工作是改善办学条件。要进一步加大投入力度,保障农村教育发展的基本条件,缩小城乡之间教育发展的差距,改善农村中小学的办学条件。政府要增加教育经费投入,教育经费应达到国家规定的不低于 GDP 4% 的硬指标,首先用于改善农村学校教师办公环境(电脑、图书、培训费用等)和学生的生活条件(如改厕、改水工程等)。

优化农村教育环境重要的工作是加快农村各种配套设施的建设和文化场所的建立,让农村教师能同等享受城市教师的医疗、卫生、保健、教育、运动等各种福利待遇。当然,这一任务是相当艰巨的,尤其是在农村教师仍然占多数的情况下,要实现城乡同等的条件仍需要一个过程,当然这也是城乡一体化的重要任务。

三、落实城乡教师专业发展政策

城乡教师的专业发展是教师政策的根本落脚点,一切其他工作都是围绕这一核心工作开展的,它是义务教育均衡优质的先决条件。因此,继续加大城乡教师专业培训力度,推进城乡教师专业发展项目和增强教师校本研训是提升城乡教师学力发展的重要政策。

(一) 继续加大城乡教师专业培训投入力度

教师质量决定了教育质量,"择校"风其实选择的是优质教育或者说是优质教师资源,因而把每一所学校的教师资源都给予均衡、提升才是硬道理。

各级政府已经加快了对教师培训的力度,教师培训经费也逐年增长,这一点是值得欣喜的。但从教育投入占 GDP 的比例而言,显然没有实现规定的 4% 的目标。尽管我国具有大国教育的特殊背景,也应该建立教师培训经费保障的长效机制,要"将中小学教师培训经费列入各级政府预算",确保教师培训计划的实施,要按照"学校年度公用经费预算总额的 5% 安排教师培训经费"的规定,足额专款用于农村学校教师培训,要建立健全财政投入为主体、社会投入和个人出资相结合的教师培训经费投入机制。

只有确立制度化的政策才能保证教师培训的可持续发展,否则教师的优质均衡发展就很难实现。

(二) 继续深化城乡教师专业发展项目

国家和地方为提升城乡教师的专业发展水平设立了诸多项目,如"21世纪园丁工程项目","农村教师素质提升工程","领雁工程","硕师计划"以及"国培计划"等,这些项目在推动教师专业发展上起到了重要的作用。中央和地方政府为这些项目的开展,投入了大量的人力、物力与财力。

要想使原有的项目具有一定的可持续性,诸多项目可以采取分层、分步逐步推进,动员各级研究单位对原有项目进行很好的总结,想尽一切办法继续深化各相关项目的实施。

在这些项目的深化实施过程中,一定要充分考虑项目的有效性,增强对项目的管理与监督,应该以促进教师有效发展为第一出发点,以节省成本为基本原则,力争让每一个项目的实施都尽量起到事半功倍的效果。

(三) 切实增强教师校本研训的力度

校本研训在促进教师发展中起着至关重要的作用。校本研训有特殊的便捷性与针对性,一方面它能够根据教师的实际情况制定出比较适合的学习与培训方案,另一方面在学习与培训的时空上方便各位教师,所以校本研训是教师比较喜欢的学习方式。

当然,校本研训也存在着诸多问题,有些师资力量不强的学校,或有些农村学校由于条件的限制没法开展校本研训,有些学校开展的校本研训层次比较低,有些学校开展的校本研训形式比较单一,甚至是形式化的过场等。

校本研训既然是教师相对比较喜欢的方式,就应该深挖校本研训的内涵,拓展校本研训的方式,丰富校本研训的内容,在农村学校可以建立以中心校或学区为基础的研训,可以让专家及其他学校不定期地参与进来,采取多种形式、多种方式丰富与深化校本研训,切实增强教师校本研训的力度。

第三节 教师学力发展的保障机制

城乡教师学力提升一方面在于深层次的文化更新、制度化的政策引领,另一方面更需要相对完善的保障机制。

一、完善教师培训项目评估机制

以项目为载体的教师培训制度是当前促进教师学力提升的重要举措。目前存在的一个重大问题是,项目实施以后的效果究竟如何缺乏严密的科学论证,甚至出现许多项目"有头无尾"的现象,许多项目过去就过去了,或者只报喜不报忧,任凭这种形势发展下去,各种培训项目就可能"政府既花了钱,又白费力",成为"出力不讨好"的事情。因此,建立完善的教师培训项目的评估机制很有必要。

首先,要设立专门教师培训项目评估机构。

教师培训项目往往是由各级行政部门主导而实施的,基本出发点是促进教师学力的提升。如果对项目没有一定的监管,就会出现"政绩工程"式的形象工程,因而设立项目评机构势在必行。

评估机构的设立首先要保证该机构能够对项目具有相对独立的管理权与评估权。政府能否放开管辖权利,把部分权力下放,积极动员社会力量参与进来,建立专门独立的评估机构。这种专门机构的建立能够避免项目投入的重复性与盲目性,增强项目的针对性与有效性,只有利用好这一机构,政府才能够更放心地实施自己的工作。

其次,要制定教师培训项目评估办法。

建立机构之后的重要工作就是要制定切实可行的教师培训项目评估办法。建立评估办法可以从宏观和微观两个层面进行考虑:一是在宏观层面制定适合不同项目的办法,能够从整体上把握与监控不同项目的有效开展;二是在微观层面可以针对不同的项目设立针对该项目的具体办法,力争保障每个项目都能落到实处。

教师培训项目评估办法的制定要遵循几个原则:一是整体性,保障办法的制定能够涵盖各种培训项目;二是针对性,保障能够对不同的项目起到监督与调控作用;三是灵活性,保障不同项目评估的针对性就必须因地制宜、因时制宜地制定不同的评估办法;四是有效性,无论何种方法要遵循节约、有效的原则。

最后,建立教师培训项目奖惩制度。

在建立教师培训项目的奖惩制度之前,我们必须明确的核心问题就是谁是奖惩的主体,奖惩的对象是谁,这一问题清楚之后才能够进一步地分析。

我们知道,教师培训项目的实施主体是各级政府,教师培训项目的监督机构是谁?如果还是各级政府的话,岂不是犯了"既是运动员又是裁判员"的逻辑错误?究竟项目的实施该向谁负责？如果这些问题不清楚，奖惩制度也没有实施的必要。

首先各级政府实施的教师培训项目应向中央政府负责，中央政府可以委托第三方的评估机构对各级政府的培训项目进行评估，这样奖惩制度就能够落到实处，中央政府就可以根据评估机构的评估结果及时调整各项目的进程。

二、建立教师发展动态档案机制

有了教师培训项目的评估机制，就为城乡教师学力提升提供了切实的保障。除此之外，建立教师发展的动态档案机制也是有效监控教师发展的重要举措。

（一）要建立教师动态发展档案

档案管理是我国人事管理的一个重要部分，但目前多数的教师档案管理显然是一种"死"的管理方式，仅仅记录教师的重大事件，多数单位没能发挥档案管理对教师发展的监管与激励作用。

目前的一个重要任务就是要把教师发展动态以"活档案"的形式给予记载，不仅仅以纸质的方式保存，还可以增加音频、视频等现代化存储方式，让教师的点滴进步与成长都能够表现出来，或者在学校层面让每位教师利用网络建立自己的电子档案，这样教师可以及时增加自己的体会与感悟，也便于管理，各级部门能够对为教师开设的不同培训项目提供有针对性的指引。

总之，不管采取哪种手段，只要能够以便捷的方式显示教师的成长足迹，便于交流与管理，就是可以采取的教师动态发展档案模式。

（二）要建立教师发展调控机制

建立教师动态发展档案之后，下一步的工作就是建立教师发展调控机制。有了教师动态发展档案，各级部门就能比较清楚教师的各种需求与意愿，就不会盲目地为教师提供重复的或者他们不直接需要的培训项目。作为教师的直接管理部门，学校每年或每学期可以总结和梳理出每位教师的需求定位与发展目标，一方面可以根据教师的需求选择培训项目，另一方面学校也可以根据教师的需要向上级提出培训要求。

这种教师发展调控机制的建立使教师发展有了稳定的运行机制，让众多人参与到教师的发展中来，这样既兼顾了教师自身的发展意愿，又能够吸取多样的经验给教师以直接的参考与引领，能够减少教师自我发展的盲目性，增强教师自我发展的动机，能够让教师在知己知彼的高度上快速成长。

(三) 要建立教师发展激励机制

城乡教师学力提升的关键因素是要激发教师的内在动机,让教师在愉悦中体验到成长的幸福和发展的乐趣。

建立教师发展激励机制的必要性在于教师的工作是繁重的、复杂的和具有创造性的,如果激发不起教师的工作热情,那么教师会处于无奈的倦怠状态,甚至是厌倦、反感自己的工作。教师的工作不分时间地点,他们早出晚归,面临着各种压力与责难,很少有属于自己的时间。

管理部门可以根据教师的动态发展档案及时调整对教师的激励方式。对身体劳动与精神劳动兼顾的教师工作,可以针对不同教师的不同情况灵活地采取相应的激励措施,既可以是正激励也是负激励,既可以是物质激励也可以是精神激励,既可以静态激励也可以发展激励。

三、建立教师权利监测机制

要想有效保障教师学力提升,教师各项权利得到落实是其中不可忽视的一个方面。教师的权利得以保障,教师责任才得以彰显,才能在实质意义上实现权利与义务的统一。

(一) 要依法保障教师权利

建立教师权利监测机制的首要条件就是要依法保障城乡教师的权利。教师的教育教学权、专业发展权、福利待遇权,在教师法中都有一定的指导性界定。但在现实的具体运作与实践操作中,很多方面都没得到很好的贯彻落实,各级行政主管部门要积极行动起来优先保障城乡教师的各种权利。随着社会的发展,许多法律空白也应该参照国际经验与地方实际给予保障。

在教师权利保障的过程中,执法部门要积极行动起来,对各种违法行为或者执行不力的行政部门进行监督,必要时可以追究相应的法律责任,真正做到有法可依,有法必依,执法必严,违法必究,切实保障教师的合法权益。

(二) 要增强教师工会职能

教师工会是监督教师权利落实情况的重要组织,每个学校都有工会代表,每个学区又有区工会代表和个别专业的工会代表。工会代表由学校教师选举产生。但目前我国的教师工会往往流于形式,对教师的各种权利很少起到监督与保护作用,他们仅仅变成了组织教师娱乐的活动组织。

例如在台湾,作为全体教师的权益代表,工会的最大作用在于三年一度与市政府的合同和薪资谈判。例如,上一期合同到期后,教师工会会紧锣密鼓地跟市长进行新的合同谈判,若新合同谈判陷入了僵局,会站在教师这边向市长交涉,或向市教育局提出申诉。欧美各国的教师工会大多拥有完整的团结权与协商权,有的甚至允许教师工会为争取合理的劳动条件而组织罢工。

所以,我国现在的教师工会要回归工会的基本功能,充分发挥其教师权利的监督与保护作用,而不是成为一种摆设。因此,加强教师工会组织功能、作用、运行的研究十分必要。

(三) 要增强教代会的功能

教师代表大会是在学校党支部的领导下,广大教职工民主管理学校的组织形式。教代会的代表由教职工直接选举产生。教代会维护和落实教职工的各项民主权利,协调学校内部关系,支持和监督行政领导工作,调动广大教职工的积极性。教代会要坚持民主集中制,其决议、决定和重要议案都要坚持少数服从多数的原则,全体代表过半数同意方有效。

但现实情况很不尽如人意,教代会的作用也没能很好地发挥,各级部门要高度重视起来,加大教代会的监督与调控作用,让教师代表大会切实代表普通教师的利益,想教师之所想。只有教师的呼声与心愿得到表达与理解,他们才能真心愿意扎根教育,奉献教育。

总之,只有完善教师培训项目的评估机制,及时洞察教师的动态发展状况,才能及时发现问题,调整相关政策,从而保证教师权利的有效落实。

第四节 教师学力发展的个案举例

随着教育公平理论与实践的不断深化,农村学校的教师生存、发展与提升已经成为各级政府不得不解决的迫切问题。义务教育的均衡发展是实现教育公平的基石,均衡优质是人民对教育的现实需求与渴望。特殊的历史原因造成了不同学校间的教育水平差异较大,优质教育相对较少。为满足对优质教育的渴求,薄弱学校的改造、重组与提升就不能仅仅停留在学理性的分析上,而更重要的是付诸实践行动来改变这一现实。尤其是在城乡一体化推进的过程中,探讨城市郊区薄弱学校的变革之路对推进教育公平、实现教育均衡发展具有重要的理论与现实意义。以杭州师范大学东城教育集团为例探讨城市郊区农村学校的变革之路,这对推进教育公平、实现基础教育均衡优质发展具有重要的理论与现实指导与借鉴意义。

一、外源式支持的必要性:问题与机遇

薄弱学校的存在与城市的快速发展形成较大的反差。随着城市化进程的加快,原有的城市郊区薄弱学校或城郊接合部的乡村学校远远不能满足人们对优质教育的需求,这一现实背景构成了薄弱学校变革寻求外源式支持的必然条件。

(一)区域转型与学校滞后

杭州师范大学东城教育集团地处杭州东部九堡区块,即将成为杭州的商业中心、科技中心和交通运输中心,这里坐落着大型的商品住宅区、杭州客运中心站、江干高科技园区、四季青服装批发中心。伴随科技、经济、商业、交通、服务业的快速发展,教育首先成为九堡区块投资、经商、居住考虑的首要因素,没有文化教育的优先发展,这片富有生机的土地将失去发展的源泉与动力。

区域转型与学校滞后是外源式支持介入薄弱学校提升的前提与基础。城市化进程的加快更加凸显了城市郊区薄弱学校的滞后。校舍破旧、师资力量薄弱、教学水平较低,原有城乡接合部的学校教育显然不能满足城市发展的需求,这与城市化进程的目标相去甚远。随着城市郊区的全面进步和经济发展模式的不断变革,对人才培养的规格、模式、标准提出了更高的要求,作为基础教育的中小学校面临着越来越多的严峻挑战。传统的一成不变的学校发展模式,已不能满足当今社会对基础教育优质资源的多元化、高规格的需求。故而,薄弱学校的快速优质发展成为必须解决的现实问题。如何解决这一客观现实问题,作为变革主体之一的政府就不得不寻求外源式支持,探索薄弱学校改造的路径。

(二)战略决策与学校重组

外源式支持介入薄弱学校建设的动因有二:一是薄弱学校存在的客观问题,二是薄弱学校的发展机遇。这二者共同决定了薄弱学校寻求外源支持的充分条件。

许多地方已经尝试采用多种方式来改组与提升薄弱学校,如杭州推行的"名校集团化"、"城乡互助体"策略,上海推行的"优质托管"策略,湖南的"联谊办学"等。这种政府主导下的"区域合作"、"校际合作"外源式支持模式能够充分调动各方参与薄弱学校建设的积极性,发挥不同学校的优势,在促进区域基础教育优质均衡发展上取得一定的经验。

江干区政府审时度势,抓住发展机遇,决定与杭州师范大学合作共建杭州师范大学东城教育集团,共同打造九堡区域优质教育品牌。杭州师范大学为了充分发挥其在基础教育领域的学科、专业、人才优势,更好地实践大学服务地方社会发展的历史使命,促进江干基础教育优质、均衡、有特色发展,深度介入江干区九堡区域的基础教育改革,重组与改造九堡原有的薄弱学校。

(三) 价值理念与发展目标

理念与目标是学校变革的价值导向,是衡量学校发展的标准。因此,其重要性是毋庸置疑的。

1. 变革的价值理念

东城教育集团办学始终秉持"区校和谐共建,师生共同发展"的根本宗旨,奉行杭州师范大学百年办学中继承的"人格为先,五育并进"的教育理念。在办学的过程中,集团立足于江干区优越的地理位置、良好的发展态势和特有的时代文化,充分调动师生与家长的积极性与创造性,共同打造学校、社区与城市共享的时代品牌,形成休戚与共、相得益彰、全面发展的办学格局。集团内各校高度关注师生共同利益,既重视学生成长,也注重教师进步,师生携手实现共同发展。整个集团教育理念体现终身教育之思想,师生共同发展之宗旨,让学生学会学习、学会合作、学会生存、学会发展。

2. 变革的价值目标

杭州师范大学东城教育集团充分整合与利用各种办学资源,在三年左右时间,将集团内各校从目前的城乡接合部农村中小学形象转变为具备良好城市品位的学校。集团办学秉持个性与共性兼容并济、和谐发展的原则。集团凭借杭州师范大学百年办学优势与资源,以特色项目为支架,做到以点带面,引领学校全面发展。在五年时间内,形成1—2个在市内有影响的集团特色教育项目,十年内形成统一的在省内有影响的集团教育品牌项目。集团办学要牢牢以"质量求生存、以质量谋发展",脚踏实地,时刻把握教育质量的生命线,努力提升教育品质。在十年内争取集团学校区内领先的地位,并进一步向市内乃至省内一流、国内知名的目标迈进。

二、外源式支持的操作点:研究与合作

薄弱学校变革的外源式支持意在强调支持的多元性与多样性,目的是通过多样化的支持来激发薄弱学校变革的内在动机,使外在的支持变成薄弱学校发展的持续"资源"。制度建立、互动合作、实践研究构成了薄弱学校外在支持机制的操作点,以此为基础推动薄弱学校各项工作的有序开展。

(一) 以制度建立为依据

制度是薄弱学校变革的依据与准绳,是外源式支持的首要措施。没有有效的、科学的管理制度,薄弱学校的变革措施就可能落空。没有制度的保障,外源式支持就会缺乏系统的支撑条件,就可能随着时间的推移和环境的改变而失去动力。有效的制度一是能给各参与薄弱学校建设的主体以刚性约束,确立相互的责任与义务,以便充分调动参与者的主体性与积极性。二是保证外在支持资源的长期性与持续性,有利于薄弱学校的可持续发展。东城集团制定了《杭州师范大学东城教育集团章程》和《杭州师范大学东城教育集团理事会章程》,设立"学校管理指导委员会"、"课堂教学指导委员会"、"教育质量监督评估办公室",对各校的管理、教育教学、师生发展等工作都作了指导性的规定。可见,制度是薄弱学校变革的机制前提,是机制有效运转的保证。

(二) 以互助合作为基础

互动合作是薄弱学校变革的前提与基础,任何政府主导下的薄弱学校的变革都包含多层次的合作,这也是薄弱学校改革的基本特征与特色体现。无论是"区校合作",还是"校校合作"的薄弱学校改造,都体现了最基本的"合作"特性。政府、高校、社区、中小学共同参与形成了具有独特性的合作共同体,合作共同体的出发点与立足点是互动性共赢,合作的前提是各方的发展需求。互动的内在机制体现马斯洛的需求理论,强调集体发展与个体发展的统一,强调互动主体的自我价值实现,不同的参与主体在合作中与薄弱学校共同成长。

(三) 以项目研究为支架

外源式支持的重要举措就是项目研究带动薄弱学校变革与发展。薄弱学校要想快速优质发展,最有效的途径之一就是以研究项目为支架,对薄弱学校进行全方位的把脉与剖析,进而采用各种措施从多个角度对其进行建设。例如东城教育集团首批12个项目涉及艺术特长培养、教师专业发展、数字校园建设、外语特色打造等多个方面,重点是通过项目研究,促进教师专业成长,从而带动整个教育集团的全面发展。项目研究的支架作用,是充分发挥所有参与主体的积极性,改善办学环境,提升教学水平,促进师生与学校共同发展,让参与主体充满激情、充满热情、充满智慧,做到在研究中体验、受益与发展。

三、外源式支持的有限性:被动与抵制

薄弱学校外源式支持的特征决定了外源式支持的限度,这一有限性是导致薄弱学校自身产生被动、抵制与对抗问题的直接原因。

(一) 外源式支持的特征

对薄弱学校外源式支持的特征充分体现在两个方面:一是动力来源与支持资源的外在性,这意味薄弱学校首先是发展与改造的对象。相对薄弱学校自身而言,无论是政府的政策帮扶制度的制定,还是与大中学校的校际合作与研究都属于外在的因素。这种外在因素的介入与干预促使与推动薄弱学校发生变革,是薄弱学校变革不可或缺的条件,但很明显支持的强度与深度决定薄弱学校变革与发展质量。二是外源式支持具有暂时性。因为外源式支持模式的根本特征就在于外在性,在本质上同薄弱学校的内源性发展有着根本的差异。如果条件稍发生变化,这种支持就可能被搁置,因而薄弱学校的外源式支持存在暂时性的特点。可见,外源式支持的双重特性决定其功能的有限性。

(二) 外源式支持的限度

来自外部的外源式支持尽管对薄弱学校的变革具有重要的推动作用,但这种作用的有限性与不足之处应该引起我们的关注。第一,支持主体的有限性。如果参与薄弱学校的外在主体行为得不到薄弱学校的认可,或者对薄弱学校的改造缺乏信心,那么这一主体就会变得消极与被动。第二,支持资源的有限性。我们知道尽管薄弱学校在改造之际会被给予许多特殊的支持政策与措施,会短暂拥有相当多的资源,从长久而言,支持的力度肯定是有限的,外源式支持主体介入的深度会由强到弱,最终使薄弱学校独立发展。第三,支持保障的有限性。支持保障的有限性说明薄弱学校长久发展必然要摆脱这种单一的"扶贫"方式,会自然而然地使支持制度失效。

(三) 外源式支持的问题

无论何种外源式支持对薄弱学校均属于外在驱动,这种外在驱动如果被薄弱学校合理地接纳、理解和运用将能够充分彰显其应有的价值。也有情况是这种外源式支持可能会在薄弱学校中产生内外两张皮的被动"应付"现象,甚至产生"水土不服"的抵制与对抗现象。鉴于此,我们必须考虑外源式支持的本土适应问题,因为任何形式的外源式支持都必须从薄弱学校的实际需求出发,充分考虑薄弱学校的接受能力与发展潜力,要处理好循序渐进与跨越式发展的条件阈限,争取化解外源式支持的先天不足,充分展示外源式支持对薄弱学校改造与提升的优势。

四、走向内生性发展:机制与策略

薄弱学校在历经外在驱动、交互作用和主动自觉三个层级的基础上实现由外源式支持到内生性发展的转变。薄弱学校发展的理想状态是走向生命体验的内在自觉。学校领导力的提升、教师学习力的进步、学校特色打造是实现薄弱学校内生性发展的核心机制与策略。

(一)学校领导力提升

历史与现实因素推动着九堡区域学校不得不发生根本性变革,这一变革是由政府首先推动,变革主体包含政府、学校、个体,是多方互动合作的复合主体。主体合作的出发点是基于多方对教育的热情与责任,主体合作的条件是江干区对教育的政策支持、杭师大自身的教育资源及其服务地方、提升自身的意识。复合主体的确立保障了学校变革与发展的主体性因素——人的因素,明确了复合主体的责任、义务与权利,这样不仅有利于推动学校变革中各项任务、活动的开展与实施,而且彰显了各个主体在社会中的价值与意义。

学校领导力是学校领导集体促进学校发展的能力,包括战略思维能力、组织协调能力、课程与教学指导能力、评价与诊断现状的能力、争取社会支持的能力。学校领导力建设是学校变革与发展的关键,为了优化领导集体,特聘请杭州师范大学原校长林正范教授为理事长,教育江干区副局长徐辉为副理事长,东城集团面向全国海选出3名具丰富管理与教学经验的特级教师担当校长,重新竞聘学校中层领导,加强领导集体的组织管理,提升领导力。学校领导力提升形式可以多种多样,如采用参观学习、挂职锻炼、对口交流等方式,名师名校长建立定期学习与互派制度,力争在行政与专业两个层面上实现管理领导力与教学领导力的提升,着力打造志存高远,团结互助,开拓进取的领导集体,这是薄弱学校变革的核心与关键。

(二)教师学习力进步

学校领导力指引学校变革与发展的方向,而教师的教育教学能力才是提升学校办学水平的核心。我们知道,教师发展的不竭动力与源泉就是教师内在学习力,故而集团把教师的学习放在学校优先发展的战略位置。为了改善教师学习条件,东城教育集团针对教师的不同情况采取分层推进的培训方式,从而满足不同教师的专业发展与个性成长需求。如派遣年轻骨干教师进入杭州市名师工程班跟班学习;在集团层面成立教师发展学校,组建了教师教学能力设计培养班、教师科研能力实训班、学生教育研学活动班,重点从基础做起,全面培养教师的教育教学、科研、班级管理等方面的能力,促进教师不断地学习与发展。为了帮助教师专业成长,集团采取"送出去"、"请进来"等多种方式,切实给教师提供较多的学习机会与条件。

提高教师学习力是提升教学质量、促进学生发展的深层次考虑,是学校变革与发展的根本动力所在,没有教师的学习,就不会有教师的发展,没有教师的发展,学校发展就会成为空中楼阁。这是促进薄弱学校由外源式支持到内生性发展的必经之路。

(三) 学校特色打造

早在 20 世纪 90 年代《中国教育改革和发展纲要》就明确提出中小学校要"办出各自的特色",而学校发展模式的趋同化是目前我国基础教育发展中的一个问题,产生这一问题的根本原因是学校发展缺少个性与特色。薄弱学校要快速地打造自己的教育品牌,就必须充分利用自己的后发优势,找准突破口实现学校的特色发展。东城集团以"三节"(课堂节、学术节、社团节)、"二校"(教师发展学校、少年艺术学校)、"一营"(夏令营)为载体,统一组建"杭州师范大学东城教育集团艺术团",设立了"名师讲堂与名师课堂",建立了"沪杭直通车",编写了"东城教师读本",开展暑期"夏令营",以点带面,着力梳理学校的个性化特征,打造学校的特色品牌。可见,薄弱学校特色品牌的打造是其变革与发展的捷径,是薄弱学校发展的核心机制与基本策略。

总之,薄弱学校变革发展之路是以外源式支持为起点,必然应以内生性可持续发展为终点。所以,我们要立足于薄弱学校的实际需要,克服外源式支持有限性与问题,争取内外因素的互动与整合,抓住内生性发展的核心机制,制定可持续发展的基本策略,促进薄弱学校质量的提升。当然薄弱学校的变革之路还很艰辛与漫长,仍需更多的人去不断地尝试、探索与创新。

纵而观之,城乡教师学力提升是一个复杂的系统工程,显然仅仅通过教育系统内部是无法真正完成的,这一历史重任的完成不仅要克服深层的文化阻力,而且要有刚性的政策支持与优化的保障机制。面对我国庞大的义务教育系统,从当前我国经济发展水平来看,要进行巨大的底部攻坚仍有一定的困难,但教育的现实与未来不允许教育滞后于社会的发展,优先发展教育的重任必然要落实到优先发展教师学力上来,这一点需全社会的共同努力。

主要参考文献

1. 联合国教科文组织总部中文科译.教育——财富蕴藏其中[M].北京:教育科学出版社,1996.12.
2. 佚名.学历·学力·同等学力[J].中国劳动,1983(9):24.
3. 于江.学历与学力[J].成人教育.1984(4):42.
4. 肇言.学历与学力[J].中国远程教育,1986(6):48.
5. 王蘭.学历和学力[J].咬文嚼字,1995(11):20.
6. 张克家.学历与学力[J].语文月刊,1997(8):20.
7. 黄高飞."学历"与"学力"之辩[J].秘书工作,1997(3):42—43.
8. 刘年珍.谈学历与学力[J].职教论坛,1998(9):28.
9. 让学力大于学历[J].今日科苑·卷首语,2008(14).
10. (日本)佐藤学著,钟启泉译.叩问"学力"[J].全球教育展望,2010(6):3—8.
11. 戚立夫.学力的概念与结构[J].东北师范大学学报,1982(6):102—108.
12. 钟启泉.现代课程论[M].上海:上海教育出版社,2003(10):257—258.
13. 钟启泉.学力论与学力结构[J].外国教育资料,1989(1):14—19.
14. 张敏强.20世纪教育测量学发展的回顾与现状评析[J].教育研究,1999(11).
15. 朱君毅.学力与体力是否相关?[J].清华周刊,1926纪念号增刊.
16. 谢康.塾师学力的检阅[J].江西教育,1934(1):84—103.
17. (日)田中耕治.学力调查若干问题探析[J].教育研究,2006(7):35—39.
18. 金美月等.TIMSS国际数学评价框架趋势研究[J].外国中小学教育,2010(11):28—33.
19. 钟启泉.从日本的学力概念看我国学力研究的课题[J].教育发展研究,2009(15—16):1—5.
20. (奥)卡林·诺尔-赛蒂纳著,王善博译.制造知识建构主义与科学的与境性[M].北京:东方出版社,2001.
21. 苏兴仁.学力形态论概述[J].人民论坛,2011(4):141—143.
22. 钟启泉.关于学力概念的探讨[J].上海教育科研,1999(1):16—19.
23. 张德伟.日本基于新学力观和生存能力观的教材观[J].外国教育研究,2002(10):27—32.
24. 黄显涵,李子建.从评价改革及范式审视教师发展的实践困境[J].全球教育展望,2011(1):84—89.

25. 鲁洁.关系中的人:当代道德教育德的一种人学探寻[J].教育研究,2002(1).
26. 王策三.教学论稿[M].北京:人民教育出版社,2006:273.
27. 陈新汉.自我评价论[M].上海:上海人民出版社,2011:82.
28. 邱均平.评价学:理论·方法·实践[M].北京:科学出版社,2010:2—3.
29. (美)埃贡·G·古贝等著,秦霖等译.第四代评估.北京:中国人民大学出版社,2008.
30. (美)丹尼尔·L·斯塔弗尔比姆等著,苏锦丽等译.评估模型[M].北京:北京大学出版社,2007.
31. (新西兰)C·尼古拉斯·泰勒等著,葛道顺译.社会评估:理论、过程与技术[M].重庆:重庆大学出版社,2009:32.
32. 蔡永红,黄天元.教师评价研究的缘起、问题及发展趋势[J].北京师范大学学报,2003(1)130—135.
33. 罗明江.美国教师评价和学校效能研究[J].黑龙江高教研究,2010(3):65—68.
34. 钟启泉.教师评价:涵义与局限[J].全球教育展望,2006(11):3—5.
35. 王斌林.教师评价方法及其适用主体分析[J].教师教育研究,2005(1):42—46.
36. 朱永辉.新中国义务教育发展历程及其评价[J].现代教育科学(普教版),2004(1):24—26.
37. 刘新成,苏尚峰.义务教育均衡发展的三重意蕴及其超越性[J].教育研究,2010(5):28—32.
38. 柳海民等.本体论域的义务教育均衡发展[J].东北师大学报(哲社版),2005(5):11—18.
39. 褚宏启,高莉.义务教育均衡发展评估指标与标准的制订[J].教育发展研究,2010(6):25—29.
40. 于发友等.县域义务教育均衡发展的指标体系和标准建构[J].教育研究,2011(4):50—54.
41. 李继星.关于义务教育均衡发展指标体系的初步思考[J].人民教育,2010(11):9—12.
42. 翟博.教育均衡发展:理论、指标体系及测算方法[J].教育研究,2006(3).
43. 王善迈.教育公平的分析框架和评价指标[J].北京师范大学学报,2008(3).
44. 朱家存等.区域义务教育均衡发展监测指标体系研究[J].教育研究,2010(11).
45. 袁振国.建立义务教育均衡发展系数,切实推进义务教育均衡发展[J].教育发展研究,2003(6).
46. 沈有禄.基础教育均衡发展:我们真的需要一个均衡发展指数吗?[J].教育科学,2009(12).
47. 董世华,范先佐.我国县域义务教育均衡发展监测指标体系的构建[J].教育发展研究,2011(9).
48. 王晋堂.重点校体制的终结与均衡发展的路径[J].人民教育,2006(18).
49. 王景英,张春宏.县域义务教育评价指标体系的构建与内容解析[J].教育测量与评价,2009(8).
50. 楼世洲,宁业勤.县域教育均衡发展督导评估方案研究[J].教育测量与评价,2009(2).
51. 肖军虎.我国县域义务教育均衡发展指标体系的构建[J].教育理论与实践,2011(9).
52. 李金奇.农村教师的身份认同状况及其思考[J].教育研究,2011(11):34—38.
53. 薛正斌.印度义务教育师资队伍建设对中国的启示[J].外国中小学教育,2011(1):37—40.
54. 王娟涓,徐辉.国外城乡义务教育均衡发展的经验及启示[J].外国中小学教育,2011(1):7—12.

55. 孙德芳.英国提升薄弱学校质量的举措[J].中国教育学刊,2009.
56. 陈娜.澳大利亚发展农村教育的重要举措[J].外国中小学教育,2007(8):41—43.
57. 李祖祥.美国农村教师职后教育的新动向[J].外国教育研究,2010(1):85—88.
58. 谌启标.西方国家大学与中小学的合作伙伴研究[J].教育评论,2009(3):165—168.
59. 王守纪,杨兆山.美国促进农村教师专业发展的策略及启示[J].外国教育研究,2010(4):79—84.
60. 瞿葆奎.教育学文集:印度、埃及、巴西教育[M].北京:人民教育出版社,1991:388.
61. 付淑琼.美国农村教师保障机制研究——以弗吉尼亚州家乡教师项目为例[J].中国教育学刊,2012(2):78—81.
62. 黄树生.日本教师"定期流动制"对我国义务教育教师配置均衡化的启示[J].上海教育科研,2011(7):27—28.
63. 李文英,史景轩.日本义务教育均衡发展的实现途径[J].比较教育研究,2010(9):38—42.
64. 范先佐.义务教育教师绩效工资改革:背景、成效、问题与对策[J].华中师范大学学报(人文社会科学版),2011(11):137.
65. 管培俊.精心筹划精心组织确保"国培计划"顺利实施[J].中小学教师培训,2010(2).
66. 辛涛.教育结果公平的测量及其对基础教育发展的启示[J].清华大学教育研究,2010(02)。
67. 蓝建.城乡二元结构与发展中国家的教育[J].教育研究,2000(8):70—75.
68. 魏峰.城乡教育一体化[J].复旦教育论坛,2010(5):20—24.
69. 钱超英.身份概念与身份意识[J].深圳大学学报(人文社会科学版),2000(2):89—94.
70. 斯盛.教师八大伤心事——一位网名"激情岁月"的教师的诉说[J].校长阅刊;2006(07)
71. 余秀兰.中小学教学内容的城市偏向分析[J].南京师大学报(社会科学版),2005(9):89—95.
72. 王金华.教科书的城市偏向分析[J].教育科学论坛,2011(8):11—13.
73. 丘碧群.中小学教师工作价值观个体差异的实证研究[J].价值工程,2010(1).
74. 楚艳芳.论教师专业化与中小学教师资源配置的制度分析[J].中国集体经济·上,2008(3)

后记

教师学力概念的酝酿已经三年有余了,对错与否都已印刻在我的脑海中,激起了我思维的火花。从城乡教师差异的视角来探讨与研究教师学力应该是我的一个勇敢的尝试,三年来的思索化作一本薄薄的拙作以抛砖引玉。

时间飞逝,三年转眼而过。原来的期盼与渴望、憧憬与想象都在岁月的浸染中涤荡。无奈才疏学浅,惰性潜行,没能挤出满意的字符,心中难免有诸多遗憾。

还依稀记得三年前导师裴娣娜先生的教诲:"要广开视野,要学习不同学者做学问的风格。"先生推荐我到华东师范大学跟随钟启泉教授进一步学习。钟先生的名气可以说无人不知,作为学者的社会影响力与改革推动力在当今教育界当属第一人,先生作为"知识改变社会、思想改变行动"的先锋深深影响与改变着中国教育的进程。慕名给钟先生写信求学的动因亦在于此。

从"北师"来到"华师"使我有幸目睹了两种名校的不同气质,北师学者的特有严谨与华师学者们的大气开放都在深深地缔造着自己的文化底蕴。学术需要争鸣,但绝不是诋毁;学术需要包容,但绝不是迁就;学术需要尊重,但绝不是崇拜。的确,进入华师之前还带有的一丝偏见,在与钟先生的多次交往与沟通中被抛弃到九霄云外。先生的勤奋、睿智、坦荡、开放、亲和无不让后生折服。在学术界任何没有理解、没有包容与开放心态的学者的空发议论都是缺乏远见的和不可信的。"没有调查就没有发言权"的真理是我们后生应该谨记的。

先生在数年前就对"学力社会"的到来有自己深刻的洞见,学历贬值已成了当今社会不争的事实,学力问题已成为时代发展中的重大课题。于是,遵循着这个思路去考察学力概念的历史流变,在无数次的思想斗争中终于把"教师学力研究"作为自己的研究主题,并得到了导师的默认。限于自己的学力有限,对教师学力问题的解释也只能是自说自话，诸多深层次的问题只有留到以后去慢慢地思索。

拙作是在博士后出站报告的基础上修改而成的，该研究不仅是浙江省哲社重点课题(11JCJY01Z)的研究成果，也是全国教育规划青年课题(EKA110399)的研究成果，同时也是杭州师范大学人文社会科学优秀作品资助项目和望道青年学者激励项目的研究成果。

非常感谢先生百忙之中给予我的指点与帮助，感谢杭州师范大学人文社科振兴项目的资助和教师发展研究中心的慷慨支持，感谢林正范教授、肖正德教授对本书出版的大力支持，感谢华东师范大学出版社彭呈军、姬妤老师的精心编辑。

云何学力微，未胜物欲昏，天资贵强矫，学力无终穷，路漫漫其修远兮，吾将上下而求索……

孙德芳
2014年晚秋于钱塘江畔金雅苑

图书在版编目(CIP)数据

教师学力研究/孙德芳著.—上海:华东师范大学出版社,
2014.12
ISBN 978-7-5675-2875-8

Ⅰ.①教… Ⅱ.①孙… Ⅲ.①教师-教学能力-能力培养-研究 Ⅳ.①G451.2

中国版本图书馆 CIP 数据核字(2014)第 304971 号

杭州师范大学人文社科优秀著作资助项目。

教师学力研究

著　　著	孙德芳
策划编辑	彭呈军
审读编辑	姬　妤
责任校对	时东明
装帧设计	崔　楚

出版发行　华东师范大学出版社
社　　址　上海市中山北路 3663 号　邮编 200062
网　　址　www.ecnupress.com.cn
电　　话　021-60821666　行政传真 021-62572105
客服电话　021-62865537　门市(邮购)电话 021-62869887
地　　址　上海市中山北路 3663 号华东师范大学校内先锋路
网　　店　http://hdsdcbs.tmall.com

印 刷 者　浙江临安曙光印务有限公司
开　　本　787×1092　16 开
印　　张　10.25
字　　数　179 千字
版　　次　2015 年 3 月第 1 版
印　　次　2015 年 3 月第 1 次
书　　号　ISBN 978-7-5675-2875-8/G·7802
定　　价　25.00 元

出 版 人　王　焰

(如发现本版图书有印订质量问题,请寄回本社客服中心调换或电话 021-62865537 联系)